Cahiers libres

Ouvrages du même auteur

Les Deux États, Fayard, 1987.

L'État importé, Fayard, 1992.

La Fin des territoires, Fayard, 1995, CNRS éditions, 2012.

Un monde sans souveraineté, Fayard, 1998.

La Diplomatie des droits de l'homme, Fayard, 2000.

L'Impuissance de la puissance, Fayard, 2004, CNRS éditions, 2012.

Le Diplomate et l'Intrus, Fayard, 2008.

International Encyclopedia of Political Science, Sage, 2011 (avec D. Berg-Schlosser et L. Morlino).

La Diplomatie de connivence, la Découverte, 2011.

Quand l'Histoire commence, CNRS éditions, 2012.

Le Temps des humiliés, Odile Jacob, 2014.

Un monde de souffrances, Salvator, 2015.

Bertrand Badie

Nous ne sommes plus seuls au monde

Un autre regard sur l'« ordre international »

La Découverte
9 *bis*, rue Abel-Hovelacque
75013 Paris

Remerciements. Ce livre est né des suggestions, des conseils et surtout de la confiance prodigués par Hugues Jallon, sans qui rien n'eût été possible : je le remercie de sa témérité. Sans l'aide et la bienveillante pression de Marc Saint-Upéry, je n'aurais jamais pu atteindre ce résultat : je lui dis mon amicale gratitude.

ISBN 978-2-7071-8947-9

Introduction

L'« ordre international » ? On emploie l'expression tous les jours, dans les sphères du pouvoir comme dans celles des médias mais, en même temps, les guerres, les violences de tous ordres, les alliances qui se font et se défont, les politiques étrangères zigzagantes semblent bien loin de refléter même le début d'un ordre international. Des conflits en Syrie, au Mali ou au Yémen qui ne ressemblent en rien à nos mémoires guerrières, un retour à la Guerre froide qui, du Kosovo à Kiev, se fait hors de toute bipolarité, des attentats meurtriers qui mêlent l'intimité de nos sociétés et un jeu moyen-oriental sanglant qu'on a peine à comprendre : jamais même l'expression ancienne d'« anarchie internationale[1] »

1. H. Bull, *The Anarchical Society*, Palgrave, Basingstoke, 1977.

n'a semblé aussi séduisante qu'aujourd'hui. Jamais la notion de « communauté internationale » n'a été autant moquée...

Et que dire même de ce système international qu'on ne parvient pas à qualifier autrement qu'en faisant référence à celui qui l'a précédé, mort en 1989 : nous serions ainsi les timides acteurs d'un « système post-bipolaire ». Étonnante paresse intellectuelle : un quart de siècle est passé depuis la chute du Mur et nous nous identifions encore à un ordre périmé ! Paresse d'autant plus révoltante que chaque individu est touché plus que jamais par l'agenda international, ses tourments et ses incertitudes : il n'y a plus de barrage entre la vie intérieure des nations et celle du système international ; nous sommes tous concernés et tous victimes de l'échec des politiques, de ces échecs en série qu'on camoufle en fausses victoires, de ces recettes périmées venues d'un autre temps, de cette ignorance plus ou moins consciente des paramètres nouveaux de la scène internationale.

Pourtant, nous vivons dans un contexte qu'on peut décrire et analyser si du moins on s'émancipe de quelques vieux concepts ; nous avons provoqué et subi des ruptures qui restent qualifiables, nous agissons dans un monde dont on connaît les acteurs, ou du moins peut-on s'efforcer de les découvrir. Du Sahel à la Mésopotamie, des formes nouvelles de conflit tendent à se développer, l'hégémonie américaine vacille, l'Ours russe se redresse, les émergents jouent les trouble-fête, les miséreux font cortège et la planète s'asphyxie faute d'attention aux biens communs de l'humanité. Néanmoins, les schémas, comme les politiques, restent les mêmes… Cette absence d'effort de lucidité n'apporte-t-elle pas en soi un début de solution à notre énigme ? Il est des moments de grands bouleversements où l'on croit préférable d'ignorer les mutations, de faire comme avant, d'agir comme si rien n'avait changé. On soigne alors les maux nouveaux comme s'ils étaient de même nature que les maladies d'autrefois. On se donne l'illusion qu'on est encore à la Belle Époque. On utilise les catégories de jadis pour prolonger encore un peu le temps des privilèges et des facilités. On fait comme si nous étions encore seuls au monde…

Dans un monde qui raisonne à court terme, le choix de la paresse intellectuelle n'est pas forcément absurde : le coût de l'adaptation est toujours élevé dans le futur proche et les dividendes du courage ne se révèlent que lorsqu'on n'est plus de ce monde, en tout cas de celui de l'exercice du pouvoir. Seul l'homme d'État accepte de voir loin et de s'y faire : l'homme politique préfère gagner les prochaines élections en jouant de son uniforme de guerrier précaire. Pyrrhus a encore de beaux jours devant lui ! En réalité, cette victoire de l'anamnèse crée un redoutable cercle vicieux : plus on regarde le présent avec les lunettes du passé, moins on comprend ce que l'on vit et plus on se réfugie dangereusement dans un monde fini… Il est grand temps de rompre avec cette obsession « géopolitique » qui envahit les médias et les chancelleries. Cette vision démodée et presque dépassée persiste à regarder avec nostalgie le monde et ses conflits comme prisonniers de logiques territoriales, politiques et stratégiques, là où le monde est devenu mobile, transnational et organisé, remodelé par des comportements sociaux inédits, autour d'enjeux principalement socio-économiques.

Bien sûr, quelques pauvres idées nouvelles apparaissent par moments pour rebaptiser notre monde, plus, hélas, par effet de mode que par rigueur scientifique. Il y eut le temps de la « multipolarité » que les puissances moyennes évoquaient pour se rassurer et faire valoir qu'elles étaient bien encore la noblesse d'un monde plus équilibré. Il y eut celui de l'« hyperpuissance » qui plaçait les États-Unis au-dessus de tous les autres, mais qu'il fallut vite remiser dès lors que le géant américain perdait toutes ses guerres. Il y eut alors le temps du deuil et de l'orphelinat, lorsqu'on se lamentait de la défection du grand gendarme du monde. Et que dire de ce temps où l'on dénonce le désordre en stigmatisant des « États voyous » (*rogue states*), et autres « barbares » en tous genres soupçonnés de vouloir redonner l'assaut sur de nouvelles Rome ? Que penser de l'énième variation sur le fameux « péril jaune » qu'on se plaît à brandir dès que se manifeste un peu trop visiblement la concurrence chinoise ?

Contrairement à ceux qui glosent sans fin sur le « nouveau désordre » ou « chaos » du monde – autre paresse –, je suis convaincu qu'on peut y voir clair et décrire le système international actuel, à condition de le situer dans l'histoire au lieu de l'y figer, de décrire les ruptures plutôt que de les nier, d'en comprendre les vrais enjeux sans s'arrêter aux fausses apparences. Changements, ruptures, enjeux sont les matrices de cette analyse dont l'hypothèse principale se nourrit d'un saisissant contraste : les anciennes puissances ont trop longtemps joué seules dans l'arène internationale pour savoir réellement faire face aujourd'hui à la mondialisation. Nostalgiques du congrès de Vienne de 1815 qui, il y a deux siècles, a mis fin à l'entreprise impériale de Bonaparte, elles rêvent à moitié éveillées d'un monde qu'elles pourraient gouverner seules au nom de leur fameuse « responsabilité particulière ». Ce livre montre que ce projet n'a aucun sens, et que, s'il en avait, il se révélerait très dangereux. Il tente, à rebours des analyses dominantes sur les ondes et dans les chancelleries, d'ouvrir les nouveaux sentiers d'une politique étrangère plus juste et plus efficace qui saura faire sienne ce beau proverbe bambara : « On ne peut pas raser la tête de quelqu'un en son absence. »

1.

L'ordre ancien : de l'« équilibre des puissances » au club oligarchique

On ne peut pas comprendre l'évolution confuse et les avanies du système international de ce début du XXIe siècle, sans d'abord saisir ce à quoi il a succédé et décrire succinctement la manière dont les relations internationales ont été configurées tout au long de la modernité.

Tout commence avec deux dynamiques totalement inédites qui émergent à la Renaissance et qui s'imposent peu à peu en Europe, puis dans le reste du monde. D'abord, pour la première fois dans l'histoire de l'humanité, l'ordre international est pensé de manière collective. Jusqu'à la fin du Moyen Âge cohabitaient en Europe et ailleurs des constructions impériales, des monarchies traditionnelles, mais aussi des cités-États, qui ne se préoccupaient pas de construire ne fût-ce que l'amorce d'un système international. Le problème de la coexistence avec l'autre n'était jamais conçu comme tel, ou du moins ne se posait-il qu'à l'intérieur de la cité ou du royaume. Les relations avec les voisins, les rivaux ou les compétiteurs existaient certes, mais étaient laissées dans l'ombre du point de vue politique et juridique.

Or c'est précisément par deux actes juridiques de nature inédite, les traités de Münster et d'Osnabrück, mettant fin en 1648 à la guerre de Trente Ans et fondant ce qu'on appellera la « paix de Westphalie », que la quasi-totalité des États européens vont négocier ensemble un type d'ordre qui ne disait pas encore son nom, mais qui ressemblait déjà à un premier système international. Bien entendu, il ne faut pas faire d'anachronisme et présupposer que tel était leur objectif explicite. Il n'empêche que la sortie de la guerre de Trente Ans a défini le futur principe de base de toutes les diplomaties du Vieux Continent : s'efforcer de penser et de construire un espace vivable, substituant à l'ordre impérial et à celui de la chrétienté universelle les souverainetés juxtaposées d'États territoriaux ; la Confédération helvétique et les Provinces-Unies (des Pays-Bas) voyaient reconnaître leur indépendance et l'empire des Habsbourg lui-même était désormais constitué de trois cent cinquante États souverains, à peine limités dans l'exercice de cette nouvelle prérogative.

Cette dynamique inédite allait au-delà d'une simple construction négociée de la coexistence européenne. Il ne s'agissait pas seulement d'instaurer collectivement un ordre, mais de mobiliser explicitement des principes nouveaux pour le constituer, et de définir les catégories juridiques qui serviraient de fondement au système international en formation, assureraient sa pérennité et soumettraient ses acteurs à des normes inédites. Preuve que la rupture avec le passé était complète, la paix de Westphalie a été la première négociation formellement multilatérale de l'histoire, présage d'avenir.

Quelles sont ces normes nouvelles qui pointent alors ? D'abord, le principe de *souveraineté*, établissant que nul État, comme le théorisait déjà Jean Bodin, ne peut être obligé par « plus grand, plus petit ni égal de soi »[1]. Ensuite, le principe de territorialité dont l'accessoire fondamental est la définition claire et univoque du concept et de la réalité de la *frontière*, mais, plus encore, l'idée que le politique n'existe qu'à travers la compétence territoriale qui dessine sa réalité. Enfin, on voit s'installer un début de formalisation du principe de la *négociation internationale*. Il est d'ailleurs intéressant de constater

---

1. J. Bodin (1576), *Les Six Livres de la République*, Fayard, Paris, 1986.

que l'art, la technique et le droit de la négociation commencent à se constituer alors que la construction des États elle-même n'est pas encore achevée : il faudra attendre le XIXe siècle !

Ces innovations vont peser lourd sur l'avenir et expliquent cette part d'arrogance des héritiers européens de la paix de Westphalie. Pour ceux-ci, la cause est entendue : ils sont bien les inventeurs de cet ordre international qu'ils croient vivace, voire de l'idée même d'ordre international. Par la domination qu'ils exerceront dans les siècles suivants, et en particulier au XIXe siècle par le biais du colonialisme, cette conception issue de Westphalie va s'imposer au monde entier. La tâche sera au demeurant aisée, car les premiers partenaires non européens sont en réalité, eux aussi… des Européens : les États-Unis, qui, au moment de leur formation comme État, puisent dans la philosophie et le droit du Vieux Continent, tandis que les États-nations latino-américains construisent leur indépendance en mobilisant les grands juristes européens. Quant aux vastes contrées d'Afrique et d'Asie, exposées à la pénétration européenne à la fin du XIXe siècle, elles sont peu à peu soumises ou marginalisées. Dans un cas comme dans l'autre, leur intégration contrainte et souvent violente au système international est une façon d'affirmer la pérennité de l'ordre issu de l'aventure westphalienne.

Reste que le colonialisme constitue un énorme paradoxe, où le système étatique westphalien rencontre la mémoire toujours vive de la forme impériale antérieure qui ne cesse de hanter les nations européennes et qui se réinvente à travers l'expansion outre-mer. Cette mémoire est restée très présente chez les acteurs européens, même si on se souvient que le système issu de Westphalie devait précisément marginaliser et pousser à l'extinction cette forme de système politique, alors incarnée par le Saint Empire romain germanique, avec son cortège de fragmentations territoriales et de dénis d'autonomie. Pourtant, la « tentation de l'empire » perdure, soit dans sa forme continentale traditionnelle, telle qu'elle a été relancée plusieurs fois en France avec l'aventure napoléonienne, soit dans la version extravertie issue de la construction des empires coloniaux, dont la France, la Grande-Bretagne, mais aussi le Portugal ou l'Espagne sont les porteurs. Si cette mémoire impériale n'a jamais totalement quitté la scène européenne, c'est qu'il y a, à l'arrière-plan de l'esprit de Westphalie, une aporie que l'on n'a pas immédiatement appréhendée et qu'on a même parfois tendance à totalement occulter aujourd'hui.

Souveraineté, compétition et puissance

Au fondement de cette aporie se trouvent les étrangetés du principe de souveraineté : l'ordre international est une juxtaposition d'États souverains en compétition entre eux. Cette concurrence révèle déjà la nature contradictoire de la pensée juridique en train de naître. D'une part, on cherche à produire une norme internationale destinée à policer cet ordre interétatique qu'on veut bâtir ; d'autre part, la souveraineté a pour fonction de reconnaître à chaque État son absolue liberté qui ne peut que le soustraire à toute règle qui se voudrait supérieure à son autorité. D'où l'idée même de la guerre qui se profile à l'horizon dans sa normalité, sa nécessité et son absolu, vieille idée dont les puissances occidentales auront bien du mal à s'émanciper. D'où aussi cette vieille méfiance à l'égard du droit international, soupçon qui persiste encore aujourd'hui, notamment aux États-Unis. Qui dit compétition peu ou prou affranchie de toute règle de droit suggère en même temps que le véritable principe de ce nouvel ordre international reste la puissance, c'est-à-dire cette capacité libre de contraindre l'autre, singulièrement l'État voisin, quel que soit le moyen utilisé. Cette puissance va devenir le grand organisateur du nouvel ordre international, croit-on pour toujours. On déchantera, mais bien plus tard...

Quoi qu'il en soit, quand on fait jouer à la puissance ce rôle d'arbitre naturel des rivalités entre États, on débouche inévitablement sur deux situations types qui ont constamment alterné dans la dynamique du monde occidental. Ou bien l'un de ces États s'avère beaucoup plus puissant que tous les autres, et on renoue alors avec la tradition impériale, ce qui fut la tentation de Louis XIV en son temps, de Napoléon Ier, ou de l'Angleterre au XIXe siècle. Ou bien les principales puissances sont plus ou moins de même niveau : l'empire n'est dès lors plus possible et c'est une oligarchie, un club des puissants, qui doit organiser le monde.

Cette oscillation entre hégémonie impériale et oligarchie plus ou moins stable traverse toute l'histoire européenne jusqu'à aujourd'hui. Lorsqu'on est dans une logique impériale, les rapports de quasi-soumission prévalent pour tous les acteurs qui doivent en accepter l'hégémonie. En revanche, dans une situation oligarchique, celle-ci, pour être supportable et pérenne, doit être perpétuellement négociée. D'où l'apparition du concept d'« équilibre de puissance », catégorie majeure qui marque profondément l'histoire des relations internationales à partir du début du XIXe siècle. Il s'agit de faire en sorte que les principales puissances soient à égalité pour qu'aucune d'entre elles ne soit tentée par l'aventure impériale.

Le grand maître à penser de cette idée nouvelle est le chancelier Bismarck : une fois la France vaincue et l'Allemagne unifiée en 1871, tout son problème consistait à trouver un équilibre au sein de l'Europe qui empêchât son ennemi d'outre-Rhin de prendre sa revanche et dominer à nouveau le continent. D'où l'élaboration d'un système complexe d'alliances, comme la fameuse « alliance des trois empereurs », unissant Berlin à Vienne et à Moscou dès 1872, évoluant ensuite vers la « Triplice » qui reliait, en 1882, Vienne, Berlin et Rome, et, comble de complexité, un traité de « réassurance » qui rattrapait, à partir de 1887, une Russie que le chancelier craignait d'isoler : la grande aventure des alliances cyniques était bel et bien lancée ; elle était partie pour durer et marquer profondément notre jeu international moderne ! En fait, Bismarck était obsédé par l'idée non pas de dominer l'Europe mais d'assurer à tous ses principaux partenaires une sorte de « minimum vital de puissance » pour ne pas remettre en cause cet équilibre oligarchique global. Ainsi par exemple, à la faveur du congrès de Berlin, tenu en 1878 suite à une première guerre des Balkans et au traité de San Stefano qui y mit un terme, il chercha à apaiser les rivaux d'une Russie trop clairement victorieuse en offrant quelques lots de consolation à une Angleterre frustrée qui put, du coup, ajouter Chypre à sa collection de possessions !

Qui sont à l'époque les bénéficiaires de ce « minimum vital » de puissance ? Dès 1815, les candidats apparaissent presque spontanément : les quatre vainqueurs de Napoléon – Autriche, Prusse, Angleterre et Russie – constituent le « concert européen » et sont très vite rejoints, dès le congrès d'Aix-la-Chapelle en 1818, par la France pourtant vaincue. Ces cinq pays vont assurer le directoire de l'Europe, dont le pouvoir concerté s'exerce, avec des hauts et des bas, au moins jusqu'à la Première Guerre mondiale. L'architecture même de ce directoire ne manque pas d'évoquer une réalité plus contemporaine, celle du G8. Son ADN est bien le même : tous les ingrédients sont déjà là et, avec eux, l'idée que le destin du monde dépend d'une aristocratie faite de puissances suffisamment fortes pour cogérer la vie internationale, mais pas assez solides pour gouverner seules. La recette restera, avec tous ses périls...

Bien entendu, pour que cette solution de gouvernance oligarchique soit relativement consensuelle, il faut qu'aucune puissance ne se sente en mesure de « remporter la mise » à elle toute seule.

On comprend dès lors pourquoi les États-Unis ont toujours été très réticents à l'égard des pratiques de « concert des nations », y compris des formules de type G7, G8 ou G20 qui ne soulevèrent jamais leur enthousiasme et qui s'imposèrent surtout dans leurs moments de relative faiblesse. De même, au XIXe siècle, l'Angleterre était le membre le moins enthousiaste du concert des Cinq, convaincue qu'à la faveur de sa maîtrise des océans, elle pouvait instaurer à elle seule une *Pax Britannica* que le club européen ne pouvait qu'entraver. Reste que cette logique de « concert » des puissants a prévalu cahin-caha pendant près d'un siècle.

Forces et faiblesses de la gouvernance oligarchique

Ce système de « concert » est marqué dès l'origine par deux taches de naissance qui ne se sont jamais effacées, deux déficiences fondamentales qui sont l'expression de son conservatisme foncier. La première tient à l'exclusion, voire l'ignorance, des sociétés. Dans une logique de pure puissance et d'équilibre entre ces puissances, les sociétés, avec la pluralité et la densité de leurs relations et de leurs intérêts, ne pèsent rien ou presque rien. Non seulement elles ne sont intégrées d'aucune façon aux mécanismes de cette gouvernance oligarchique, mais l'essentiel des efforts des « co-princes » de l'ordre européen va consister à contenir et à mater les éruptions sociales. L'histoire commence dès les années 1820 avec les premiers frémissements révolutionnaires postnapoléoniens qui secouent le continent : tentative de révolution constitutionnelle libérale à la faveur de l'insurrection de Cadix en Espagne (janvier 1820), rébellions de Naples et de Sicile (juillet 1820). Tout cela, au milieu de bien d'autres événements de même nature, conduit Metternich ou Louis XVIII à faire valoir que les peuples n'ont pas à se mêler d'affaires qui relèvent avant tout du légitimisme dynastique.

La seconde déficience est liée à la nature même de la gouvernance oligarchique : par définition, elle crée des exclus. On pourrait dire, dans un langage moderne, que se forme hors d'elle une sorte de « prolétariat » des États et des nations, dont le jeu entretenu avec les membres du club crée des configurations complexes et déstabilisantes. À la fin du XIXe siècle, la question des Balkans en est un exemple probant qui n'a pas cessé de compliquer la tâche du concert européen dès qu'il a dû s'en saisir. Deux puissances s'intéressaient à cette région : l'Autriche-Hongrie et la Russie. Mais il est pourtant une autre puissance tutélaire des pays balkaniques, l'Empire ottoman, directement concernée mais presque totalement exclue du concert européen : superbement ignoré, il se trouve dénié tout rôle majeur dans une gouvernance internationale qui logiquement avait pourtant besoin de lui. Quant aux petits États qui se constituent peu à peu dans la péninsule balkanique, ils deviennent d'autant plus turbulents qu'ils ne sont pas davantage intégrés à cette logique oligarchique : souvenons-nous de la Serbie qui met le feu aux poudres une première fois en juillet 1876, décidant seule de déclarer la guerre à la Turquie, recommençant en octobre 1912, alliée alors à la Bulgarie et au Monténégro, puis reconduisant le même comportement en juin 1913... Tout cela mène alors à la Première Guerre mondiale. Les puissances occidentales, les yeux sur le compteur de la puissance, n'ont jamais su faire avec les « petits » : cela leur a coûté très cher, et encore maintenant..

En contrepartie, deux facteurs fondamentaux font la force de l'oligarchie. Le premier tient au sentiment d'égalité et de proximité qui lie entre eux les membres du club, l'idée qu'ils se ressemblent, qu'ils partagent la même histoire, les mêmes traditions et qu'ils ont pour une bonne part les mêmes intérêts, souvent conservateurs. Ce sentiment d'égalité et de proximité repose sur trois modes de reconnaissance mutuelle dont nous verrons par la suite que leur entremêlement est à l'origine de bien des ambiguïtés contemporaines[2]. En premier lieu, la *reconnaissance légale* qui reconnaît simplement à l'autre le droit à la souveraineté. À côté, la *reconnaissance politique* suppose d'admettre que l'intéressé est fondé à cogérer le monde, ce qui sous-entend évidemment que les autres ne le sont pas : voilà la source de bien des tensions futures...

Enfin, le troisième type renvoie à une *reconnaissance morale* qui reconnaît à l'autre la conformité à des valeurs qu'on partage et qu'on tient pour essentielles. Cette dernière catégorie va au-delà de la *realpolitik* qui s'arrête au deuxième type de reconnaissance : ce qui est en jeu désormais, c'est le jugement moral porté sur l'autre. Or, à partir du moment où l'on accepte le principe de l'oligarchie et de la gouvernance solidaire, ce jugement moral peut-il être autrement que positif ? Peut-on être membre d'un club et proclamer l'immoralité de l'autre ? C'est là qu'intervient la « diplomatie de connivence » qui force les États occidentaux à une très grande indulgence à l'égard de leurs

2. M. Iser, « Recognition between states ? Moving beyond identity politics », *in* C. Daase *et al.* (dir.), *Recognition in International Relations*, Palgrave, New York, 2015, p. 27-45.

partenaires qu'il s'agisse de la Chine, de la Russie, voire, il fut un temps, à l'égard des États-Unis de George W. Bush[3]. Tel est le problème de fond : la logique de la reconnaissance morale allait à peu près de soi et fonctionnait sans trop d'anicroches dans l'ambiance légitimiste et conservatrice du XIXe siècle, alors qu'elle explose littéralement au XXe siècle, en particulier avec l'émergence des grands totalitarismes puis de leurs avatars... Au lendemain de la décolonisation, les États occidentaux doivent se définir avec encore plus de difficultés et de cynisme face à des systèmes politiques qui s'appuient sur des valeurs et des références éthiques et morales distinctes de celles qui avaient fondé le premier concert des nations.

Il existe bien un ciment qui unit les membres du club, encore faut-il que la légitimité de leur gouvernance soit validée par les autres, dont la plupart restent à l'extérieur. Ce qui pose une question classique, mais toujours fondamentale en analyse politique : comment et pourquoi accepte-t-on d'être dominé ? Pourquoi cette « servitude volontaire » ? Pourquoi, au XIXe siècle, le royaume du Danemark ou celui d'Espagne acceptaient-ils de se plier aux règles de gouvernance d'un club dont ils étaient

---

3. B. Badie, *La Diplomatie de connivence*, La Découverte, Paris, 2011.

exclus ? Comment expliquer l'acceptation volontaire de l'inégalité entre les États par ceux qui sont victimes de cette distinction ? Ces incertitudes pointent au XIXe siècle et atteignent leur point d'orgue au siècle suivant. Sur quoi repose au fond la légitimité des conférences de Yalta et de Potsdam, au lendemain de la Seconde Guerre mondiale, si ce n'est sur l'idée que ceux qui n'y participaient pas trouvaient normal de ne pas en être et acceptaient de se plier aux décisions qui y seraient prises ? C'est en vertu du même type de légitimité qu'on tente de valider l'existence du « P5 », les cinq membres permanents du Conseil de sécurité de l'ONU dotés d'un droit de veto. Bien entendu, la Guerre froide a contribué à banaliser cette culture de la hiérarchie. La peur engendrée par la dissuasion nucléaire et la prégnance de la confrontation idéologique entre le socialisme et le libéralisme avaient pour conséquence que ceux qui ne jouissaient pas du statut de « grand » avaient intérêt à laisser leur grand frère décider à leur place ; ils recherchaient même son patronage.

Aujourd'hui, ce principe de hiérarchie dans la vie internationale est fort mal en point et se trouve attaqué de toutes parts car, précisément, ni l'alignement idéologique ni la dissuasion nucléaire ne sont plus en mesure de le soutenir. Et, avec l'érosion du principe hiérarchique, c'est aussi un élément fondamental de l'ordre westphalien qui est mis en cause. On verra que cette pente décrit parfaitement les heurs et malheurs du Traité de non-prolifération (TNP), interdisant dès 1968 aux États qui n'étaient pas membres du club nucléaire militaire de pouvoir y accéder : dans l'ambiance d'alors, les réticences étaient rares, mais, hors de la bipolarité, elles vont naturellement se libérer…

Faiblesse du droit international et surmilitarisation

Acte fondateur de notre système international, le moment westphalien a eu d'autres conséquences. La première, on l'a déjà abordée, tient à la naissance d'une contradiction majeure : on fétichise la souveraineté – ce qui tend à réduire *a minima* le poids du droit international – tandis qu'on cherche dans le même temps à construire un ordre international supposant des institutions déjà efficaces. Si le système westphalien n'ouvre pas réellement la voie à un ordre juridique digne de ce nom, il parvient cependant à produire des normes qui s'imposent progressivement à l'esprit des acteurs. D'où les tensions et les insouciances de la décolonisation, lorsqu'on dut expliquer aux nouveaux États indépendants que l'Europe avait établi tout un ensemble de règles et de pratiques auxquelles ils n'avaient d'autres choix que de se rallier sans broncher. On n'a pas permis à ces nouveaux venus, majoritaires en nombre, de participer à la redéfinition ou au réajustement d'un droit qui s'imposait à eux. Ils entraient dans un système international qui n'était pas le leur...

La seconde conséquence du moment westphalien tient à la « surmilitarisation » de l'ordre international. Le jeu international se définit dès l'origine comme souverainiste, compétitif et fondé sur la puissance. Si l'on met bout à bout ces trois éléments, la guerre devient inévitablement la règle banale de la vie internationale. À tel point que, pendant des siècles, personne ne s'est vraiment préoccupé de définir la paix, qui apparaissait dès lors comme résiduelle, simplement conçue comme la « non-guerre ». Non seulement la guerre s'installe désormais au centre du système international, mais elle entraîne logiquement une militarisation des États. C'est ce que le grand politiste américain Charles Tilly a décrit comme l'effet de symbiose du « *war making* » et du « *state making* », dessinant peu à peu les contours de notre État moderne[4]. L'impôt, le

4. C. Tilly, « War making and state making as organized crime », *in* P. Evans, D. Rueschmeyer et T. Skocpol (dir.), *Bringing the State Back In*, Cambridge University Press, Cambridge, 1985.

droit financier, le droit constitutionnel, le droit administratif, les grandes institutions publiques doivent historiquement tous beaucoup à la guerre. C'est en partie pour cela que la mémoire impériale ne s'est jamais vraiment éteinte après Westphalie : ces États sont avant tout des États militaires, et en cela se rapprochent sans cesse de l'ancien modèle impérial, qui lui aussi, par essence, avait besoin de la guerre.

Cette militarisation de l'État a eu plusieurs conséquences. D'abord, la guerre a validé pendant très longtemps le droit de vie et de mort des princes européens sur leurs sujets. Ensuite, à mesure que cet instrument militaire allait à la rencontre de la société, et en particulier à partir de la Révolution française, la conscription est devenue la base privilégiée de la citoyenneté, qui reposait dès lors sur une vision militaire, voire guerrière, de la nation et de la patrie. Or, lorsque nous avons changé de monde, sans vraiment nous en rendre compte, tout au long des vingt ou trente dernières années marquées par les progrès fulgurants de la mondialisation, nul ne s'est préoccupé de savoir si cette militarisation des États était encore adaptée à l'irruption des nouvelles dynamiques sociales dans le jeu international. Qu'il s'agisse, au Nord, des intégrations socioéconomiques croissantes ou, au Sud, de la pression issue de sociétés qui relèvent d'une autre histoire et d'une autre genèse. On y reviendra plus loin dans cet ouvrage : il y a là un déphasage tragique, tant la puissance militaire, si présente dans la mémoire occidentale, n'est plus l'instrument le plus efficace pour éteindre ou même tout simplement contenir les nouveaux conflits qui ensanglantent le Sud.

Quand on dit que la tradition occidentale, depuis la Renaissance, n'a pas su penser la paix, on objectera bien entendu les efforts d'un certain nombre de penseurs comme Kant, par exemple. Mais la lecture de la paix effectuée par le philosophe allemand avait pour soubassement une prise en compte première de la guerre, pensée comme un donné de l'Histoire ; la paix chez Kant découle plus d'une certaine primauté anthropologique de la guerre que de la définition d'un ordre naturellement et spontanément porté à la concorde. C'est très clair aussi chez Rousseau ou chez Hobbes, qui considéraient que, dès lors qu'on entrait dans un jeu social, la guerre devenait l'essence des rapports humains. On ne trouve pas nécessairement ces mêmes présupposés dans toutes les histoires et les cultures, en tous les cas sous cette forme. Rares sont en fait les histoires où les systèmes politiques se sont constitués en opposition à leurs exacts semblables : la trajectoire chinoise par exemple renvoie à d'autres formules, tout comme les empires africains ou les États latino-américains.

De nos jours, les libéraux exaltent encore ce terme de « compétition » non seulement sur le plan économique mais pour en faire aussi un élément d'accomplissement de l'être humain. La noblesse de l'action humaine ne se construirait que dans la concurrence et dans l'affirmation de soi contre l'autre : même le marxisme n'échappe pas à cette vision. Il a fallu attendre la fin du XIXe siècle pour découvrir une réaction plus sociologique que philosophique à cet ordre de la pensée : pour Durkheim, l'essence du social est ainsi à trouver non plus dans le conflit, mais dans l'intégration et la solidarité. Ce sera peut-être le commencement d'une autre histoire.

L'émergence des « prolétaires du système international »

Les exclus du système ont pu être désignés comme le « prolétariat des États et des nations » : l'expression, courante, a souvent conduit à des simplifications. Dès avant la formation du fascisme, les nationalistes italiens, y compris le socialiste Mussolini, parlaient de l'Italie comme d'une « nation prolétaire » pour protester contre son exclusion du concert des puissants et justifier sa revendication de participation à la gouvernance européenne et, bien entendu, à la rapine coloniale. Cette revendication finit d'ailleurs par trouver un écho avec le pacte de 1915, traité secret par lequel l'Italie se mit d'accord avec les représentants de la Triple-Entente pour entrer en guerre contre les Empires centraux en échange de compensations territoriales. Et ce sont justement les promesses non tenues de ce pacte, décevant les aspirations des nationalistes italiens, qui ont nourri le ressentiment conduisant au succès politique du fascisme.

Cet exemple soulève une question essentielle, celle de l'émergence des acteurs contestataires qui se dressent contre le système international et déploient des stratégies à cette fin : c'est la grande affaire de la fin du XXe siècle et du tournant du millénaire. On passe alors d'une formule d'équilibre des puissances « pure », simplifiée, dès 1947, aux deux camps bien délimités de la Guerre froide, à la situation actuelle qui laisse le champ libre à la contestation. Lorsque vous n'êtes pas membre du club, vous pouvez soit le servir en position subalterne pour en tirer quelque bénéfice, soit le contester. Il est intéressant de voir que cette contestation n'émerge pas, ou si peu, au XIXe siècle, c'est-à-dire à une époque où les « autres » (la Chine, le Japon, l'Empire ottoman) ne sont pas en mesure de mener une diplomatie de contestation.

Le Japon joue résolument, sur l'initiative volontariste de son empereur, la carte de l'imitation et de l'importation du modèle occidental. La Chine se sent impuissante face à la volonté de domination des puissances européennes, tandis que l'Empire ottoman, l'« homme malade de l'Europe », est considérablement affaibli et contraint lui aussi à des efforts d'imitation.

Cependant, la terrible saignée de la Première Guerre mondiale apporte les premiers signes d'affaiblissement – et de discrédit – des puissances européennes, et de nouveaux acteurs savent s'engouffrer dans la brèche. C'est à ce moment charnière qu'apparaissent les premières velléités de regroupements régionaux non occidentaux. Le leader nationaliste chinois Sun Yat-sen promeut ainsi la création d'un « front panasiatique », dont les orientations sont largement reprises au Japon, où se tient en 1926, à Nagasaki, la première conférence panasiatique, suivie de plusieurs autres, organisées notamment à Tokyo, puis à Delhi… Dès avant le premier conflit mondial, la victoire de l'Empire nippon dans la guerre russo-japonaise en 1905 avait eu un impact considérable sur l'imaginaire des jeunes intellectuels asiatiques. Du côté occidental, on a eu vite fait d'étouffer le traumatisme de cette première grande déroute militaire de l'homme blanc en le mettant au compte d'un régime épuisé, à bout de souffle, ce qu'était effectivement en partie l'Empire des tsars finissant. La victoire japonaise a pourtant bien nourri les débuts du panasiatisme, avant que le Japon lui-même ne vire dans un ultranationalisme expansionniste qui lui vaudra l'hostilité de nombre de ses anciens alliés et admirateurs continentaux. En cela, une autre histoire s'était mise en marche, dont l'aboutissement reste encore aujourd'hui incertain : est-ce l'esquisse d'un autre monde ? D'un monde ancien réformé ? Ou d'un nouveau monde en train de se juxtaposer à l'ancien ?

On a aujourd'hui quelque peu oublié ce moment panasiatique : il est pourtant digne d'intérêt, surtout à la lumière des futures vagues de contestations de l'hégémonie occidentale. Sun Yat-sen aurait pu se contenter d'épouser le prêt-à-porter occidental de la construction de l'État-nation. C'est d'ailleurs ce que l'histoire en a retenu *a posteriori* puisqu'on nous parle toujours du Kuomintang comme d'un parti nationaliste d'inspiration occidentale et de Sun Yat-sen comme du premier bâtisseur de la nation chinoise sur le modèle de l'État-nation. Mais on occulte toute cette phase d'aspirations panasiatiques ainsi que les interactions politico-intellectuelles extrêmement fortes qui existaient à l'époque entre la Chine et le Japon. On oublie souvent que celui-ci apparaissait, aux yeux des jeunes Chinois, comme la première nation asiatique à avoir battu une puissance européenne, et, lorsque Zhou Enlai quitte la Chine, au cours de l'été 1917, c'est pour tenter précisément de faire des études au Japon.

Dans un même ordre d'idées, a lieu au Caire en 1926 la première conférence panislamique, et non *panislamiste*, notons-le bien, réunissant tout simplement des musulmans qui se cherchaient dans un monde se voulant déjà postoccidental. Cette première manifestation fut mise en œuvre par les oulémas de l'université islamique d'Al Azhar ; elle décida de tenir désormais des réunions périodiques afin d'examiner la situation régionale et internationale. De fait, cette première conférence fut suivie, quelques mois plus tard, d'une seconde qui se réunit à La Mecque, puis d'une autre qui siégea, en 1931, à Jérusalem. Le contexte n'est pas neutre : la Turquie kémaliste venait d'abolir le califat et le vide ainsi créé, comme la question de son éventuelle reconstruction, occupait l'essentiel des travaux, ouvrant la voie à un projet persistant dont Daech se saisit encore aujourd'hui… En réalité, les participants à ces conférences sont aussi et déjà à la recherche confuse d'un ordre qui ne dériverait pas seulement de l'universalisation du modèle étatique occidental, mais qui apporterait quelque chose d'assez différent.

C'est véritablement toute une humanité qui est alors en quête d'elle-même et qui ne veut pas traverser dans les clous de l'Occident... Avec elle apparaissent les prémices d'un nouveau système international qui va avoir beaucoup de mal à se mettre en place mais dont on retrouvera les grandes lignes dans les principes de la conférence afro-asiatique de Bandung, en 1955, moment clé sur lequel nous aurons l'occasion de revenir.

La même époque voit aussi s'organiser les premières « assemblées des peuples opprimés », comme le Congrès anti-impérialiste de Bruxelles en 1927, soutenu par le Komintern et auquel participèrent des personnalités comme l'Indien Nehru, l'Algérien Messali Hadj, le Péruvien Haya de La Torre ou la veuve de Sun Yat-sen. Près de trente ans avant Bandung, on perçoit donc une première tentative de constituer une sorte de « syndicat des exclus ». Le message aux Européens, aux Occidentaux, est clair : « Vous n'êtes pas seuls au monde, nous existons aussi. » Ces initiatives sont encore toutefois assez faibles. Qui, en Europe, s'est soucié, dans les années 1920 ou 1930, de la première conférence panislamique ? Qui prenait au sérieux le panasiatisme de Sun Yat-sen ? Qui prit note de l'émergence concomitante du panafricanisme, l'idéologie des premiers leaders nationalistes africains (Nkrumah, Nyerere,

Lumumba, entre autres) qui donna lieu, dès avant la Seconde Guerre mondiale, à des échanges et des conférences internationales non seulement entre activistes du continent noir, mais aussi avec des intellectuels antillais ou afro-américains comme W. E. B. Du Bois ?

Cette première impulsion ne pesa guère dans un monde encore dominé par le jeu des puissances établies. On n'y voyait alors qu'un tourbillon de rhétoriques et de discours enflammés sans grandes conséquences politiques. Que se serait-il passé si on avait su alors considérer ces aspirations encore confuses ? Sait-on d'ailleurs les analyser même aujourd'hui ? Un seul exemple : ce n'est que deux ans après la première conférence islamique de 1926 au Caire que naquit le désormais mondialement célèbre mouvement des Frères musulmans... que personne n'avait réellement repéré alors.

L'exception soviétique et ses suites

Toutes les contestations du système international, au rythme chaotique desquelles nous vivons aujourd'hui, étaient déjà en germe dans ces années-là. Seule leur canalisation par le pouvoir soviétique a pu donner l'illusion qu'elles étaient gérables avec les instruments traditionnels de la puissance.

Le cas particulier de l'Union soviétique mérite pour cette raison qu'on s'y intéresse. Par rapport à la Chine, au monde musulman ou au monde africain, la Russie a la particularité d'être issue du concert européen. Après la Grande Guerre, le jeune pouvoir soviétique, héritier de fait sinon de droit de l'Empire tsariste, hésite longuement entre la tentation de la contestation et celle du « club ». Dans le feu de la mobilisation révolutionnaire bolchevique, c'est évidemment la tentation contestataire qui prédomine et d'ailleurs les Occidentaux ne lui laissent pas le choix. C'est l'époque du congrès de Bakou qui réunit, en septembre 1920, des délégués des « peuples d'Orient » et où Moscou se fait le champion de tous ceux qui se trouvent opprimés par les grandes puissances coloniales. Bien au-delà de l'alliance avec les partis ouvriers des pays coloniaux ou dominés, les bolcheviks font aussi appel à leurs bourgeoisies nationales. L'émancipation des peuples exclus du système westphalien apparaît même parfois plus importante que la révolution prolétarienne mondiale. Il ne faut pas oublier qu'en 1926 les autorités soviétiques invitent à Moscou Motilal et Jawaharlal Nehru, père et fils. Il en restera toujours quelque chose à Nehru qui, devenu Premier ministre de l'Inde indépendante, consolidera une alliance durable et profonde avec le partenaire soviétique.

Il faut bien admettre que les Occidentaux ont tout fait pour pousser l'URSS dans le camp des « contestataires », d'abord en refusant de reconnaître le pouvoir soviétique, en établissant ce que le maréchal Foch appelait un « cordon sanitaire » autour du pays, puis en différant son entrée dans la Société des Nations (18 septembre 1934). Le « choix de la contestation » était donc non seulement un effet de la pulsion subversive des bolcheviks, mais probablement aussi la seule option qui leur restait concrètement : voilà un précédent qui suscitera, on le verra, bien des imitations par la suite…

Mais cette option contestataire a finalement rencontré ses limites : l'Union soviétique est finalement entrée dans le « club », essentiellement sous l'impulsion de Staline. Évolution qui s'est traduite non seulement par l'admission de l'URSS au sein de la SDN mais aussi par une volonté délibérée de celle-ci de s'allier aux démocraties contre le fascisme et le nazisme. Et, loin d'être une rupture, le pacte germano-soviétique a banalisé ensuite l'entrée de Moscou dans un jeu international que le nouveau tsar voulait à l'image de ce qu'il était jadis : fluide et librement compétitif… Mécontent de l'échec de ses tentatives d'alliances occidentales, Staline aurait pu vouloir s'isoler dans son identité eurasiatique ; il a préféré pactiser, selon les dogmes les plus extrêmes de la *realpolitik*, avec une Allemagne nazie héritière d'une des composantes du concert européen du XIXe siècle : belle et forte continuité... Lorsque enfin, vainqueur de la Seconde Guerre mondiale après un retournement des alliances, Staline convoque toutes ces conférences dont il va être le maître d'œuvre – Moscou, Téhéran, Yalta et Potsdam –, c'est toujours dans l'idée de construire activement le club dont l'URSS prétendait devenir désormais un élément essentiel.

Notons la similitude frappante avec la démarche de Vladimir Poutine aujourd'hui. Dans son discours devant l'Assemblée générale des Nations unies en septembre 2015, le président russe ne manque pas d'évoquer cette alliance avec le monde occidental du temps de la Seconde Guerre mondiale (en occultant bien entendu la première phase du conflit...). Il montre ainsi une volonté de partager la gouvernance mondiale avec les puissances occidentales et laisse entendre qu'il n'y aura pas de stabilité internationale tant que la Russie n'y sera pas étroitement associée. L'Ukraine et la Syrie sont deux prétextes remarquables à une pédagogie menée par le Kremlin pour démontrer que la gouvernance mondiale ne peut pas s'accomplir sans le retour total de la Russie dans le club dont elle a été exclue.

Ce qui n'empêche pas Poutine d'avoir un second fer au feu, grâce à l'Organisation de coopération de Shanghai (OCS). Maintenant que les effets désastreux du schisme Moscou-Pékin ne sont plus qu'un mauvais souvenir, la Russie post-Guerre froide a pu se tourner vers la Chine et constituer cette nouvelle organisation de surcroît consolidée et élargie à travers les BRICS (Brésil, Russie, Inde, Chine et Afrique du Sud). On verra dans les chapitres suivants que l'OCS et les BRICS sont de véritables « bouillons de culture » de la diplomatie contestataire : s'y retrouvent toutes les puissances émergentes extra-européennes et extra-occidentales qui ont maille à partir avec le G7 et la pratique au quotidien de la gestion de l'ordre international. Rien n'éclaire mieux le paradoxe qu'a constitué l'exclusion de la Russie du G8 suite à l'affaire de Crimée, révélant à quel point les puissances occidentales ont du mal à comprendre ce que peut signifier un effet de relégation, comme celui subi par Moscou en 1989… La gouvernance oligarchique a ses risques : partager quand il le faut, mais exclure quand on croit le pouvoir ! Difficile équilibre, presque impossible dans un monde qui, aujourd'hui, n'est plus bipolaire…

2.

Bipolarité, unipolarité, multipolarité

Lorsqu'on parle de la Guerre froide, on emploie très fréquemment le terme de « bipolarité », mais sans aucune discipline, y compris dans la définition même de la notion sous-jacente de « polarité ». Si on veut faire la part des choses face à un sujet plus complexe qu'il n'y paraît, il faut apprendre à distinguer la *polarité de puissance* et la *polarité de regroupement*, deux réalités majeures que l'on confond souvent[1]. La première décrit la compétition entre des États qui peuvent prétendre au statut de puissance, c'est-à-dire disposer des ressources objectives qui le leur permettent et être perçus comme tels par les autres : quelle est l'utilité d'être objectivement puissant si les autres ne vous reconnaissent pas cette capacité ?

---

1. O. Worth, *Rethinking Hegemony*, Palgrave, New York, 2015.

S'interroger sur les polarités de puissance consiste donc à déterminer si on est face à un système *hégémonique* ou face à un système *oligarchique*. Les systèmes hégémoniques comptent peu d'exemples dans l'histoire. On a parlé de la *Pax Britannica* qui a régné de 1815 jusqu'à la montée en puissance de l'Allemagne. L'hégémonie américaine pendant la Guerre froide entre, bien entendu, dans cette catégorie, mais a été pour l'essentiel partagée avec Moscou dans une sorte de « condominium » américano-soviétique. Tout juste connaît-on un moment très bref d'unipolarité américaine aussitôt après la chute du mur de Berlin, mais qui s'est vite dissipé. Autrement dit, les moments d'hégémonie clairs et nets sont en réalité assez rares. La règle, c'est l'oligarchie, qui décrit des situations dans lesquelles apparaît une pluralité de puissances qui sont plus ou moins en compétition libre les unes avec les autres.

La *polarité de regroupement*, quant à elle, correspond à des époques où les puissances mettent fin à leur dispersion et évoluent vers des situations « campistes », qui reposent sur le regroupement d'un certain nombre d'États autour d'un leader. Ces camps peuvent être de quantité variable, même si le jeu international incite très généralement à la dualité, conformément à la dichotomie consacrée d'ami-ennemi…

De même faut-il dissocier *polarité* et *polarisation.* La polarité décrit une *juxtaposition* de puissances, sans pour autant qualifier leurs relations. La polarisation suppose une *confrontation* potentielle ou réelle. On a donc toute une gamme de cas de figure : on peut trouver des puissances dispersées en compétition sans nécessairement entrer en conflit frontal, des situations dans lesquelles cette compétition aboutit à une confrontation, des situations dans lesquelles cette confrontation est organisée autour de camps bien structurés ; on peut enfin imaginer des contextes, dans les faits rarissimes, où une puissance hégémonique domine toutes les autres.

La bipolarité que nous avons connue de 1947 à 1989 n'est pas seulement polaire mais *polarisée*, se traduisant par une logique de confrontation entre pôles. Elle s'accompagnait en outre d'une logique de regroupement : non seulement avait-on deux puissances antagonistes, mais un certain nombre d'États, petits ou plus grands, venaient faire bloc autour d'elles. Enfin, chacun de ces deux camps était dominé par une « superpuissance », comme on disait à l'époque, animée à la fois par une prétention de rivalité avec son *alter ego*, son *peer competitor*, et par un désir inavoué de partage du monde, de condominium à deux.

Notons qu'il s'agit là d'une configuration tout à fait inédite, dans la mesure où cette bipolarité n'a existé qu'une seule fois dans l'histoire des relations internationales. Ce qui n'a pas empêché au moins deux générations d'acteurs politiques de se convaincre qu'elle était appelée à durer jusqu'à se confondre avec l'idée même de système international. Elle a en outre engendré tout un vocabulaire, toute une série de techniques, d'institutions, de pratiques politiques, diplomatiques et militaires dont nous sommes encore aujourd'hui les héritiers directs et souvent inconscients.

Fait nucléaire et antagonisme idéologique

Pourquoi ce « moment bipolaire », au fond si fugitif, a-t-il si profondément marqué nos consciences et notre vision du monde ? Il est toujours facile, *a posteriori*, de trouver des explications permettant de théoriser un phénomène qui est pour l'essentiel un accident de l'histoire, un alignement exceptionnel des planètes. Cet accident reposait sur la conjonction de trois facteurs. Le premier tient au fait nucléaire et son caractère tout à fait original. Aux lendemains d'Hiroshima et de Nagasaki, on prend conscience de l'existence de cette arme totalement inédite qui ne permet pas nécessairement de gagner mais qui conduit à détruire l'autre si elle est utilisée. Tant qu'une seule puissance en a le monopole, elle jouit d'un avantage absolu et effrayant puisqu'elle peut anéantir tout le monde sans risquer d'être elle-même pulvérisée. Mais sitôt que l'adversaire se dote de la même arme, on entre dans une logique bien particulière, dite de « capacité mutuelle de destruction ».

Il n'est donc plus question ici de victoire ni de défaite, puisque c'est simplement la possibilité de l'anéantissement des deux belligérants qui prévaut. En revanche, avec l'émergence du duopole nucléaire (États-Unis-URSS dès 1949), tous les États qui sont privés de cette arme n'ont de chance de survie qu'en se rangeant sous la protection d'un des deux supergrands. Pour la première fois dans l'histoire, la protection devient une règle absolue du jeu international. Pour la première fois, on ne peut pas penser sa propre place dans le système international en dehors de cette logique de protection, qui implique aussi celle de camp et donc de leader du camp.

Auparavant, les logiques de protection entre forts et moins forts n'avaient pas ce caractère absolu car nul ne risquait l'anéantissement total, même par plus fort que soi. Les alliances étaient assez flexibles et chaque État pouvait, à moindre coût, construire sa propre autonomie. Désormais, phénomène inédit et remarquable en relations internationales, il n'est plus question de franchir le fossé qui sépare les deux super-adversaires : avec l'ère nucléaire, la protection devient tellement vitale qu'il s'avère très risqué et dangereux de s'égarer trop loin du camp. Charles de Gaulle en était lui-même très conscient lorsqu'en 1962, en pleine crise des missiles, il s'aligna sans hésitation sur les États-Unis face à l'URSS de Khrouchtchev.

L'autre nouveauté tient à la polarisation du monde entre deux idéologies. Là aussi, le phénomène est totalement inédit : dans le monde qui précédait, les idéologies n'avaient pas cette vertu structurante qu'elles ont acquise à la fin de la Seconde Guerre mondiale. Les deux vainqueurs du nazisme se réclamaient en effet de deux philosophies politiques extrêmement différentes, un socialisme marxiste centralisé, étatique et autoritaire, et un libéralisme qui prônait les vertus de l'individualisme, du libre marché et de la démocratie. Pour la première fois, l'idéologie interférait de manière profonde et systématique avec le jeu international. La nation et le nationalisme, qui structuraient jadis ce jeu, se voyaient presque relégués par ce face-à-face entre deux messianismes qui prétendaient incarner à eux seuls la fin promise de l'Histoire. Du coup, le réflexe de protection dont nous avons parlé allait bien au-delà du simple pragmatisme : chacun des deux camps sur lesquels on s'alignait avait une identité philosophique qui creusait leurs différences ; on ne s'alignait plus seulement pour se protéger, on faisait allégeance de gré ou de force à un des deux pôles de cette dualité.

On pourra objecter qu'il y a eu d'autres moments dans l'histoire des relations internationales où les idéologies ont joué un rôle important. On peut ainsi dire que les guerres de religion des XVIe et XVIIe siècles ont marqué la politique internationale de leur empreinte, mais à une échelle limitée, qui ne concernait finalement qu'un morceau du continent européen, et non le monde entier. En outre, si l'idéologie était alors un vecteur d'identification et d'alignement partiel, elle ne structurait pas la totalité du jeu international. On vit d'ailleurs très vite protestants et catholiques se mêler dans des coalitions hétéroclites. Pendant la guerre de la ligue d'Augsbourg (1688-1697), ce fut une coalition d'États protestants et catholiques qui combattit Louis XIV. De même, au XIXe siècle, le clivage entre légitimisme et nationalisme ne produisit pas des alignements aussi nets et durables. En revanche, pendant la Guerre froide, les deux dimensions se renforçaient mutuellement : les deux idéologies nourrissaient une simplification radicale du système international qui, de son côté, par son simplisme, alimentait la tension idéologique. Sans nul doute, l'antagonisme entre marxisme et libéralisme n'aurait pas été si fort s'il ne s'était appuyé sur la compétition entre deux blocs structurés politiquement, diplomatiquement et militairement.

Enfin, au-delà de ces deux systèmes idéologiques qui s'affrontaient, deux formes d'organisation socioéconomique et politique se faisaient réellement face, là aussi de façon totalement inédite. La force de cet antagonisme était d'autant plus exceptionnelle que chacun des deux systèmes disposait d'une sorte d'excroissance dans le camp opposé. Tel est bien entendu le rôle joué par les partis communistes nationaux dans les pays de l'OTAN, soutenus par une classe ouvrière encore très mal intégrée à la société, particulièrement dans les pays du sud de l'Europe. En France et en Italie, le Parti communiste engrangeait plus du quart des suffrages, ce qui en faisait une puissance sociale majeure. Du côté soviétique, peu à peu se constituait une dissidence qui exprimait, elle aussi, un déficit d'intégration au sein du système. Ces deux dissidences puisaient leur idéal dans le modèle d'en face, la classe ouvrière européenne, et surtout celle du sud de l'Europe, percevant l'URSS comme une sorte de « paradis », tandis que les forces sociales contestataires du camp soviétique s'identifiaient de plus en plus au libéralisme et à l'individualisme occidentaux.

Cette dynamique donna sens à la compétition entre les deux systèmes et conféra aux luttes sociales et politiques qui prenaient corps de part et d'autre une acuité et une pertinence au moins aussi fortes et décisives que celles de la compétition militaire. On ne s'étonnera pas, dès lors, que la progressive intégration des classes ouvrières et la régression des partis communistes à la fin des Trente Glorieuses aient contribué à affaiblir le bloc soviétique qui perdait ainsi progressivement une partie de ses relais à l'Ouest tandis qu'au contraire le mécontentement et la dissidence ne cessaient de se renforcer à l'Est. À partir du moment où la rigidité de cette dualité, idéologique, politique et socioéconomique, était remise en cause de part et d'autre par les transformations sociales en cours, la bipolarité vint à s'essouffler et le système bipolaire finit par s'effondrer. Ce n'est donc pas seulement, ni même principalement, à travers la compétition militaire que l'Ouest l'a emporté sur l'Est. La délégitimation et la décomposition du système économique et social des pays de l'Est ont conduit à la chute du Mur pour déboucher finalement sur cette situation confuse et ambiguë qu'on a appelée « post-bipolaire ».

De l'antagonisme à la dyarchie

On a pu croire que la bipolarité reposait sur l'équilibre des forces, que l'Ours soviétique et l'Aigle américain s'équilibraient en termes de puissance. En réalité, l'essoufflement de la bipolarité renvoie à l'extrême précarité des facteurs sur lesquels elle reposait, bien plus que sur une logique de force qui aurait permis à l'un des deux camps de prévaloir. Le déclin du bloc soviétique n'était pas prioritairement lié à une diminution de sa puissance en tant que telle, mais à l'érosion de son modèle de société et à la déchéance concomitante de son pouvoir de séduction sur les contestataires du camp occidental.

Cela étant posé, il faut aussi comprendre que la bipolarité n'a jamais été un phénomène monolithique et qu'elle a constamment évolué au cours de sa brève histoire. Entre 1947 et 1967, la bipolarité restait marquée par une extrême rigidité des comportements d'intransigeance radicale et une faible propension à communiquer au-delà du « rideau de fer » qui séparait les protagonistes. C'était alors l'apogée de la Guerre froide, avec des moments de paroxysme comme la crise du blocus de Berlin en 1948 ou celle des missiles de Cuba en 1962. Les deux puissances ne se parlaient guère, sinon pour s'invectiver mutuellement lors de certaines séances du Conseil de sécurité, encore que celui-ci fût déserté par l'Union soviétique au début de la guerre de Corée. En revanche, de 1967 à 1989, la bipolarité s'accommode : ce fut le temps de la « coexistence pacifique », puis de la « détente », quelque peu remise en cause par l'invasion soviétique de l'Afghanistan, en 1979. Ce dégel des relations entre les deux puissances a été orchestré par diverses grandes initiatives diplomatiques, dont les accords quadripartites sur Berlin en 1971 et la Conférence sur la sécurité et la coopération en Europe à Helsinki en 1975. On a dès lors affaire à une bipolarité non plus radicalement antagonique mais en quelque sorte *dyarchique*. Ce qui rapproche les deux principaux protagonistes tient paradoxalement à la perception de leurs propres faiblesses et aux impasses dans lesquelles ils se sont engagés au sein de telle ou telle région du monde : la défaite américaine au Vietnam, les déboires de l'URSS dans son propre camp, les guerres du Moyen-Orient, où les « deux gendarmes » ont du mal à s'imposer. Contraints par ces faiblesses à coopérer, ils découvrent aussi qu'ils peuvent tirer un avantage de cette collaboration, et d'abord sur le plan économique, d'où l'importance des accords SALT, dans les années 1970, qui permettent de contenir la course aux armements stratégiques : l'argument économique est toujours fort pour enclencher la désescalade en la matière. Ces négociations furent une bonne affaire pour l'URSS, plus faible économiquement, mais aussi pour les États-Unis qui traversaient une période de récession qui les mettait en difficulté.

Cette coopération fut d'autant plus avantageuse pour les deux qu'elle inaugurait une dynamique à peu près inédite : les deux partenaires accédaient aux délices du condominium. Contrairement à ce qu'on croit souvent, le partage du monde ne s'est pas fait à Yalta, mais bien à partir de 1967, quand les deux puissances ont non seulement appris à se parler, à se reconnaître mutuellement dans leur rôle de leader, mais aussi à agir selon une certaine connivence allant jusqu'à la reconnaissance pleine et entière de leur sphère géographique de compétence. L'année 1967 est celle de la première rencontre entre Johnson et Kossyguine à Glassboro, suivie par toute une série de sommets entre Nixon et Brejnev qui se poursuivent à travers leurs successeurs à un rythme inégal. C'est dans ces moments de dialogue que les deux grands s'efforcent de résoudre pragmatiquement les différents problèmes internationaux et, lorsqu'ils n'y parviennent pas, ils s'entendent sur la manière de les laisser en suspens, à l'instar du conflit israélo-arabe qui, faute d'être réellement géré, était contenu par une logique inédite de communication permanente entre les deux supergrands.

Enfin, l'année 1967 est significativement suivie par la signature, un an après, du Traité de non-prolifération nucléaire (TNP). Celui-ci est emblématique en ce qu'il reflète parfaitement ce nouveau climat de coopération dyarchique : les deux superpuissances définissent le régime qui permet de verrouiller la porte du petit club nucléaire. Il montre aussi à quel point cette connivence s'inscrit dans la logique hiérarchique qui était encore celle du système westphalien finissant, en passe de devenir insoutenable. En 1968, le TNP est accepté par l'ensemble de la communauté internationale, à quelques rares exceptions près (Inde, Pakistan, Israël) ; la soumission des petits et des moyens – en l'occurrence, des États non nucléarisés – aux grands va encore de soi : presque personne ne remet en cause l'ordre campiste ni la polarisation. Presque tous, de gré ou de force, estiment que les supergrands ont de bonnes raisons d'être et d'agir comme ils le font. Cette bipolarité dyarchique une fois disparue, le TNP devient au contraire très difficilement praticable : sa survie artificielle est en complet décalage par rapport à la réalité actuelle de notre monde, où la remise en cause de la légitimité hiérarchique des puissants est radicale et permanente. Pourtant, les prémices de cette remise en cause apparaissaient dès l'époque de la bipolarité. Le système était en réalité « aporique » : trop d'acteurs étaient déjà là pour le contester même si on refusait de les entendre…

Frémissements au Sud : les failles de la bipolarité

Il est symptomatique que les premiers signes de l'érosion du système bipolaire sont surtout venus du Sud. Dans les rapports Est-Ouest, rien n'était vraiment en mesure de bousculer ce modèle dyarchique. Certes, il faut tenir compte des velléités du général de Gaulle de faire cavalier seul, de ses protestations, dès le mémorandum de 1958, contre une Alliance atlantique qui ne l'associait pas pleinement à l'exercice de sa direction. Il y a eu bien sûr le schisme entre Moscou et Pékin (mais on était déjà dans le Sud…), et, à une échelle bien plus modeste et moins virulente, la prise de distance relative de la Roumanie de Ceausescu, lequel suivit à sa manière le schisme titiste dans la Yougoslavie socialiste. Mais, en fin de compte, aucune de ces « divergences » n'a fondamentalement modifié l'ordre des choses.

On a évoqué au chapitre précédent la façon dont les premiers mouvements panasiatiques, panafricains ou panarabes avaient exprimé leur défiance à l'égard des puissances européennes. Cette défiance s'exprima de nouveau, avec bien plus de force et de visibilité, lors de la conférence de Bandung en 1955, lestée pourtant par un formidable paradoxe. Se revendiquant de l'afro-asiatisme, la conférence entendait mettre en avant l'existence d'une troisième force, d'un bloc qui n'était ni l'Est ni l'Ouest, et dont le mot d'ordre était le non-alignement devenu même l'appellation durable du mouvement issu de cette première grande rencontre afro-asiatique. Néanmoins, les différents protagonistes de Bandung furent les premiers à s'inscrire dans une logique très élaborée de clientélisation par rapport aux deux supergrands. Ce fut le cas des quatre parrains de la conférence – l'Indonésie, l'Inde, le Pakistan et Ceylan (le futur Sri Lanka). Deux d'entre eux, le Pakistan et Ceylan, se sont très vite alignés sur le camp occidental. John Kotelawala, le Premier ministre sri-lankais de l'époque, ne cachait pas alors son « occidentalophilie », tandis que le Pakistan nouait une alliance étroite avec les États-Unis, quitte à s'appuyer simultanément sur la Chine. En revanche, Nehru en Inde et Sukarno en Indonésie se tournèrent clairement vers Moscou.

Second paradoxe, en même temps que ces pays du Sud réclamaient à leurs anciens maîtres coloniaux la reconnaissance de leur pleine souveraineté, ils faisaient appel au Nord pour les appuyer dans leurs efforts de développement. Pour survivre à l'époque, on avait besoin d'être aidé et, pour être aidé, il fallait sinon s'aligner, du moins se clientéliser. La force de la bipolarité l'avait alors provisoirement emporté sur les logiques d'émancipation des peuples du Sud. En même temps, ce nouveau monde, mal intégré au jeu international, est progressivement devenu le principal foyer des conflits internationaux. Or, s'il est relativement facile de clientéliser des États, il est beaucoup plus difficile de contrôler les conflits qui les animent. Si la bipolarité négociée a pu protéger l'Europe de la guerre, le Vieux Continent n'était plus le champ de bataille du monde ; celui-ci s'était déplacé vers le Sud où se développaient des guerres sur lesquelles la bipolarité n'avait plus prise : l'histoire commençait vraiment à changer...

On vit poindre déjà les principaux traits du « grand malentendu » qui frappe le monde d'après 1945. Les puissances du Nord, grisées par le succès apparent d'un condominium américano-soviétique qui semble fonctionner de mieux en mieux, sont convaincues qu'elles peuvent garder la maîtrise de l'ensemble des événements internationaux, et en particulier de cette conflictualité que l'on nomme alors, de façon méprisante, « périphérique ». C'est principalement à quoi devait servir tout l'arsenal économique et militaire de la vassalisation et de la clientélisation. Mais, en réalité, plus ces conflits se développent, plus la capacité de contrôle des pays du Nord décline. Autrement dit, nous ne sommes plus seuls au monde...

La bipolarité minée par les conflits « périphériques »

Le premier de ces conflits est sans doute la guerre de Corée, qui trahit déjà une certaine difficulté des puissances, comme l'Union soviétique et la Chine, à contrôler leur allié nord-coréen. Les États-Unis en profitent pour consolider en Corée du Sud une dictature militaire totalement inféodée à leurs intérêts. Mais le conflit coréen « ne déborde pas trop du cadre » et le désordre est maîtrisé.

Il en va autrement du conflit vietnamien, et ce pour trois raisons. En premier lieu, la guerre du Vietnam, contrairement à celle de Corée, se développe dans un contexte de compétition entre l'URSS et la Chine. Ce double patronage, dont le Nord-Vietnam sait magnifiquement jouer, introduit déjà quelques fuites dans le système. En second lieu, les États-Unis connaissent au Sud-Vietnam ce qui leur avait été épargné en Corée, une véritable guerre de partisans. Ils commencent dès lors à découvrir que combattre une société est beaucoup plus difficile que combattre un État. Certes, on ne peut nier la présence en arrière-fond de l'État nord-vietnamien, mais l'infiltration et l'activité du FNL au Vietnam du Sud est tout autre chose qu'un combat frontal entre deux États. Il s'agit là du même type de conflit que les autres puissances occidentales venaient de connaître dans les guerres de décolonisation : Madagascar, Indochine, Cameroun et Algérie, bien sûr, en ce qui concerne la France, mais aussi tous les épisodes sanglants du désengagement de l'Empire britannique de ses territoires d'outre-mer : en Malaisie, où il ne s'en est pas trop mal tiré en réussissant finalement à mater la guérilla communiste, et au Kenya, où le conflit avec les rebelles nationalistes Mau-Mau a été beaucoup plus difficile à gérer.

Cette conflictualité émergente au Sud fait donc surgir de nouvelles pratiques militaires dont on s'aperçoit qu'elles n'ont rien à voir avec la théorie de la guerre telle que l'avaient élaborée les grands stratèges occidentaux. Initialement, les Soviétiques croient pouvoir se féliciter de cette situation : la décolonisation était un problème occidental et non seulement Moscou restait à l'abri de toute accusation de colonialisme, mais il pouvait aussi se servir de ces conflits pour affaiblir l'Occident. C'est un peu l'ambiance du congrès de Bakou qui renaît dans les années 1950 et 1960, l'URSS défendant partout, et en particulier à la tribune des Nations unies, la cause des peuples opprimés et colonisés. Mais le schisme entre Moscou et Pékin va miner l'assurance soviétique et montrer qu'il y a d'autres candidats peut-être mieux placés que les Soviétiques pour défendre la cause afro-asiatique. Enfin, l'Union soviétique est prise à son propre piège en découvrant qu'elle a elle aussi un « flanc sud » sur lequel elle exerce une domination de type impérial ou néocolonial. L'épisode afghan est le point d'orgue de cette évolution, le « petit Vietnam » de l'Union soviétique dont elle ne se remettra jamais. Notons que ce retournement de fortune géopolitique dans le tiers monde a lieu dans un laps de temps très court entre la chute de Saigon en 1975 et la décision fatale d'intervenir en Afghanistan en décembre 1979, qui provoque le délitement des années 1980 et la destruction finale du modèle soviétique.

Mais avant même cette débâcle, l'Union soviétique s'est retrouvée bel et bien prisonnière du jeu de la clientélisation. Il lui était somme toute facile de stigmatiser les puissances occidentales aux prises avec leurs colonies ou leurs anciennes colonies : elle dut apprendre ensuite à ses dépens combien il était difficile d'imposer sa tutelle sur ces mêmes pays. L'URSS a connu une certaine fortune avec l'Inde, qui l'a emporté sur son rival pakistanais, comme en témoigne, entre autres et avec éclat, la guerre d'indépendance du Bangladesh en 1971. L'alliance entre Moscou et Delhi n'a donc jamais présenté d'inconvénients diplomatiques majeurs pour les Soviétiques. En revanche, d'autres conflits régionaux connurent des conséquences moins heureuses, notamment au Moyen-Orient. Non seulement l'Union soviétique n'a pas réussi à clientéliser l'ensemble du monde arabe, mais elle a dû subir les conséquences douloureuses de certains retournements d'alliance. Ses clients – dans un premier temps l'Égypte, la Syrie et l'Irak – ont dû coexister dans une relation complexe avec d'autres États également hostiles à Israël mais adversaires du camp soviétique, comme les monarchies traditionnelles de la péninsule Arabique ou la Jordanie. La tension syro-jordanienne de l'automne 1970 suivit ainsi le fameux épisode du Septembre noir au cours duquel le roi Hussein de Jordanie chercha à liquider la présence de l'OLP sur son sol. Elle conduisit Hafez al-Asad à envoyer ses blindés à la frontière du royaume hachémite ; cette initiative apparut alors comme une décision intempestive qui déjouait les plans du Kremlin dans la région : il fallait s'adapter à un rythme conflictuel qu'on ne contrôlait pas du tout…

Un jeu diplomatique complexe venait ainsi brouiller les cartes diplomatiques de Moscou. Le cas de la Corne de l'Afrique est particulièrement parlant. Dans un premier temps, la Somalie prosoviétique s'opposa à l'Éthiopie du Négus, alliée à l'Occident. Mais à peine une révolution marxisante soutenue par Moscou eut-elle renversé ce dernier que le leader somalien Siyyad Barre changea de camp. Ce fut donc au mieux un match nul. Ailleurs ce tiers-mondisme révolutionnaire pratiqué par les Soviétiques s'enlisa dans des guerres de positions aux résultats ambigus, comme en Afrique australe, où les conflits en Angola et au Mozambique n'ont pas donné lieu aux victoires faciles auxquelles pouvaient prétendre ceux qui voulaient récolter les fruits d'une décolonisation douloureuse… Il faut bien convenir que les acteurs du Sud se sont révélés des joueurs réticents à tout alignement intégral : Nasser s'est rapproché de Moscou tout en restant viscéralement anticommuniste et foncièrement hostile au Parti communiste égyptien. Saddam Hussein a su se tourner vers l'Occident pour faire monter les enchères, notamment durant les huit ans de guerre qui l'opposèrent à l'Iran, mais déjà auparavant, lorsqu'il amorçait un programme nucléaire

« civil » : Jacques Chirac se rendit à Bagdad au cours de l'automne 1974 ; le « raïs » irakien vint en France l'année suivante pour visiter Cadarache, le site du Commissariat à l'énergie atomique, rencontrer à nouveau le Premier ministre français, se rendre même à l'Élysée et donner corps au projet « Osirak » qui associait, entre autres, les entreprises françaises Bouygues et Saint-Gobain.

Les limites du condominium

Pour toutes ces raisons, le système bipolaire perd vite de sa crédibilité dans les pays du Sud. D'abord, les acteurs prennent conscience du fait qu'ils disposent de ressources propres et qu'ils n'ont pas besoin de « coller » au parrain occidental ou soviétique pour survivre : en devenant les acteurs les plus proches des nouveaux conflits, ils acquièrent une capacité forte de peser sur l'agenda international et ils savent la monnayer. Ils s'aperçoivent aussi que le parrain soviétique est trop compromis dans la préservation des bénéfices du condominium avec les États-Unis pour constituer un protecteur totalement fiable. Si Moscou ne soutient qu'assez mollement ses protégés arabes dans le conflit israélo-palestinien, c'est en raison de la priorité stratégique

que constitue la coexistence pacifique négociée avec les États-Unis. Il y a un moment où les bénéfices d'un patronage efficace risquent d'être anéantis par le coût de la brouille qu'il pourrait susciter avec Washington. Le condominium renfermait donc une contradiction potentielle qui lui a été fatale.

Voilà bien une autre preuve des incertitudes de la puissance : cette ébullition de conflictualités nouvelles qui échappent à toute discipline et que les deux grands n'arrivent plus à maîtriser. En outre, dans ce jeu stratégique, le faible peut désormais exercer une pression plus efficace que les missiles que le fort serait susceptible de déployer pour le dissuader. La raison en est simple : lorsqu'une puissance est bien établie, elle risque de perdre beaucoup, tandis que le faible, qui ne dispose pas de grandes ressources, ne court pas de grands risques à faire preuve de volontarisme et à jouer les cavaliers seuls. Dans une aventure militaire, l'Irak d'un Saddam Hussein ou la Syrie d'un Hafez al-Asad ont infiniment moins à perdre que l'Union soviétique d'un Brejnev, qui est prise au piège de toute une série de contraintes internationales. La faiblesse crée un champ de périlleuse liberté qu'on sous-estime encore aujourd'hui : trop d'écart de puissance tue la puissance.

Cette marge croissante d'autonomie des clients et des vassaux s'explique d'autant mieux que la contrainte nucléaire d'hier joue beaucoup moins, et en tout cas différemment, au Sud. D'abord, en arrière-plan, elle a évolué, plusieurs puissances moyennes, du Nord comme du Sud, ayant réussi à passer au travers des barbelés de la non-prolifération. Soit à la manière britannique, en acquérant l'arme sous la protection américaine. Soit à la façon gaullienne visant à montrer qu'on peut y accéder seul, comme gage de l'indépendance nationale. La Chine étant aussi entrée dans le jeu, on en est arrivé à la conformation d'un club des cinq, à quoi il faut ajouter les États qui avaient refusé de signer le TNP, comme l'Inde, le Pakistan et Israël. En soi, la sortie du duopole nucléaire ne change pas fondamentalement les choses, les nouvelles puissances nucléaires ne pouvant pas rivaliser avec les deux supergrands. Mais, à partir du moment où les enjeux internationaux sont de moins en moins définis par les rapports Est-Ouest et de plus en plus par la relation Nord-Sud, on est brutalement confronté à une inconnue : que vaut cette « arme du Nord » face à des conflits de plus en plus installés au Sud ? La réflexion stratégique évolue peu. D'aucuns, notamment Kenneth Waltz aux États-Unis, considèrent que la possible multiplication des acteurs nucléaires au Sud serait une façon de rééquilibrer les rapports internationaux[2]. D'autres s'inquiètent de l'éventualité d'une prolifération non étatique de l'arme nucléaire : des terroristes pourraient s'emparer d'armes nucléaires miniaturisées et en faire usage dans les villes…

On est dans la pure spéculation sans avancer sur l'essentiel : l'arme nucléaire devait être l'ultime recours dans le cadre d'une guerre classique mais que peut-elle aujourd'hui face aux formes nouvelles de conflits ? Du coup, la capacité tutélaire des plus puissants qui avaient tant misé sur cette distinction s'en trouve une nouvelle fois démonétisée. Le « club des cinq » n'est plus seul au monde…

L'héritage contestataire du non-alignement

Si la stratégie de non-alignement n'a jamais vraiment décollé, son spectre n'a jamais vraiment disparu non plus. Les véritables héritiers de Bandung et du mouvement des non-alignés aujourd'hui sont toutes les « diplomaties contestataires » qui se

2. K. WALTZ, « The spread of nuclear weapons: more may be better », *Adelphi Papers*, 171, International Institute for Strategic Studies, Londres, 1981.

manifestent sous diverses formes dans l'arène internationale. Les pays dits non-alignés se sont aperçus très vite que non seulement ils ne pouvaient pas faire la loi – au-delà d'essayer de peser à la marge dans certaines négociations internationales –, mais que la notion de non-alignement n'avait plus grand sens dès lors que la bipolarité s'affaiblissait puis s'évanouissait. Les principaux acteurs du mouvement étaient bien conscients qu'ils ne seraient jamais ni une force d'organisation, ni une force de co-gouvernance du monde. En revanche, ils ont très vite compris qu'ils pouvaient être en quelque sorte la « plèbe » du système international. Et que, par l'intermédiaire de quelques bons tribuns, ils pouvaient participer de plain-pied au débat politique international. La diplomatie algérienne s'est précocement illustrée dans ce rôle inédit et a su en jouer avec une certaine habileté. Dès la conférence d'Alger tenue en 1967, 77 pays du Sud signaient ainsi une charte qui regroupe aujourd'hui plus de 130 pays mais garde le nom de « charte des 77 ». Elle suggère que les « sans-grade » du système international peuvent jouer un rôle dans un système international rénové et démocratisé. À défaut de se concrétiser, ce rôle attendu devient la base même d'un discours contestataire qui inaugure une diplomatie d'un nouveau type. En excellant dans ce jeu inédit, on parvient à faire monter les enchères et à devenir éventuellement un « déviant » ou un « délinquant » efficace, à savoir utiliser adéquatement sa capacité de nuisance pour peser, y compris de façon dramatique, sur le sort du monde.

Le point extrême de cette pratique, même s'il n'apparaît pas comme le cas le plus fréquent, conduit à l'usage contestataire de la violence, sous la forme d'actes terroristes mis au service de la diplomatie nationale et déjouant clairement la tradition clausewitzienne de la guerre frontale. Certains pays se sont faits porteurs de cette stratégie, soit de façon permanente, soit par moments : l'Iran des années 1980, l'Irak de Saddam Hussein, la Syrie de Hafez al-Asad, la Libye de Kadhafi…

On peut en tirer une conclusion en forme de paradoxe : certes, le mouvement des non-alignés n'a jamais débouché sur un ordre politique institutionnalisé, mais ses héritiers pèsent fortement sur le monde en participant de plus en plus à la définition de l'agenda international. C'est sur leur terrain que se développent les principaux conflits du monde actuel, sur leurs enjeux et sur les déficits sociaux qui les grèvent. Il suffit d'écouter le président iranien Rohani, dirigeant censément modéré, expliquer comment son pays a une capacité de maîtrise sinon de l'agenda international, du moins d'un agenda régional extrêmement lourd, qui est bien probablement supérieure à celle des États-Unis ou de la Russie. Le véritable basculement du monde date du moment où la conflictualité s'est déplacée vers le Sud. Les illusions fugaces de l'unipolarité ou celle d'une gouvernance oligarchique n'ont pas résisté à cette dynamique profonde.

Les illusions fugaces de l'unipolarité

Au lendemain de la Guerre froide, les pays occidentaux ont commis l'erreur de penser que le « vainqueur » allait inaugurer un moment de domination unilatérale du système international. Se fiant aux règles de l'arithmétique, ils ont posé que la défaillance d'un joueur dans un système dyarchique conduisait mécaniquement à un monde unipolaire : l'arithmétique est une matière infiniment respectable, mais ne s'applique pas aux relations internationales.

La bipolarité inaugurée en 1947 reposait sur l'idée de protection : il fallait s'inféoder à une des deux alliances pour se protéger de la menace de celle qui lui faisait face. Mais, dès lors que cette menace disparaît, une telle logique d'alignement n'a plus grand sens. Dans ces conditions, quels arguments peuvent-ils justifier l'hégémonie américaine ainsi pérennisée ? À cette erreur « arithmétique » s'ajoute une faute d'appréciation du contexte : le monde de 1989 est totalement différent de celui de 1947. La décolonisation est achevée, le champ de bataille est passé du Nord au Sud, et les différentes unités constitutives de ce Sud, qu'il s'agisse d'États, de peuples, de groupes sociaux, de collectivités religieuses ou culturelles, ont conquis une formidable autonomie. La chute du Mur leur fournit même des arguments qui viennent renforcer leur prétention à l'émancipation, à la contestation, voire à la déviance.

En outre, la mondialisation a complètement changé la donne ; les sociétés entrent désormais en contact entre elles avec une intensité qui défie la vision traditionnelle que l'on porte sur la capacité des États. La communication « intersociale » devient souvent plus rapide et plus efficace que la communication interétatique. Cette « intersocialité » recouvre bien entendu les échanges économiques, mais aussi l'immigration, les rapports interreligieux les solidarités de nature ethnique ou tribale, celles-ci devenant d'autant plus fortes qu'un peu partout les États préfabriqués et importés, notamment issus de la décolonisation, mais aussi de la dislocation du bloc soviétique, commencent à s'effondrer. L'erreur colossale a été de croire que l'on pouvait gérer ce nouveau monde comme on gérait l'ancien, en ayant recours aux mêmes postures hégémoniques, avec un triomphalisme renforcé par le vide apparent créé par la disparition de l'Union soviétique. L'administration Clinton apparaît alors peu à peu comme le symbole même de ce « continuisme » : le premier président américain « post-bipolaire » n'a pas hésité à nommer, en janvier 1997, Madeleine Albright, à la tête du département d'État, elle qui incarnait tant l'esprit de la Guerre froide par ses origines et son histoire familiale : fille d'un diplomate tchèque, ayant quitté son pays juste après le coup de Prague, elle s'était imposée au Center for Strategic and International Studies, comme l'un des meilleurs spécialistes de l'URSS...

Pourtant, à l'aube de cette nouvelle ère, son prédécesseur George H. Bush, commençait à plaider pour un « nouvel ordre international », et manifestait une certaine retenue dans l'usage de la force américaine en refusant de monter jusqu'à Bagdad pour renverser Saddam Hussein après la libération du Koweït : intuition de cette complexité du Sud ou *deal* discret avec Mikhaïl Gorbatchev qui craignait déjà de voir les États-Unis s'étendre un peu partout ? De même, plutôt que de consolider la domination totale d'Israël face à des voisins et adversaires considérablement affaiblis, il choisit délibérément d'utiliser sa victoire dans la guerre du Golfe pour tenter de relancer la négociation au Proche-Orient en convoquant la conférence de Madrid qui, sans lendemains, réussit néanmoins à réunir toutes les parties. C'était d'autant plus méritoire qu'il avait obtenu, avec l'opération « Tempête du désert », un succès remarquable, à la tête d'une véritable coalition soutenue par tous, y compris Moscou, la Syrie de Hafez al-Asad et une Chine qui, par son abstention au Conseil de sécurité, rendit l'opération possible. Ce fut pourtant le même George H. Bush qui fit le choix fatal de maintenir l'existence de l'OTAN, ce qui était une manière d'entrer à reculons et de façon bien frileuse dans le nouveau monde qui s'annonçait.

Ce conservatisme hégémonique fut approfondi par Clinton qui n'avait guère l'expérience internationale de son prédécesseur, et plusieurs de ses échecs ont vite montré que l'unipolarité était une illusion. Ce fut d'abord le fiasco de l'intervention « Restore Hope » en Somalie, qui conduisit au retrait humiliant des *marines* américains de la Corne de l'Afrique, révélant la nature de ces nouveaux « conflits asymétriques » opposant des guérillas « faibles » sur le papier à une puissance empêtrée dans son propre gigantisme. Ce fut ensuite l'incapacité de Washington de se définir par rapport à un conflit yougoslave qui prenait complètement à contrepied une diplomatie qui voulait désormais se délivrer du fardeau européen. Bill Clinton ne sut pas interpréter ce nouveau symptôme de la décomposition impériale russe, ni lui accorder l'attention qu'il méritait. De même l'absence de suivi des accords d'Oslo sur le dossier Israël/Palestine, accueillis par Washington avec une naïveté et une légèreté coupables, entraîna-t-elle une série de revers jusqu'à la fameuse conférence de Camp David II, tenue en juillet 2000, où le président des États-Unis démontra qu'en s'impliquant totalement dans une négociation entre belligérants, il n'était en mesure ni d'imposer sa médiation, ni de peser sur son protégé israélien. Rappelons enfin le fiasco diplomatique que représente le génocide au Rwanda en 1994, ses centaines de milliers de morts, la passivité de la communauté internationale et celle, stupéfiante, de l'unique superpuissance, dont le représentant au Conseil de sécurité était contraint de rappeler qu'il n'était pas question d'intervenir au Rwanda, puisque celui-ci était un « État souverain »

Autant de « tests » qui confirmaient que le nouveau système international n'avait rien d'unipolaire. De fait, il n'y eut guère qu'un peu plus de cinq ans entre la chute du mur de Berlin et les bombardements de l'OTAN sur la Serbie qui marquèrent le retour progressif de l'antagonisme russo-occidental. Au fur et à mesure que s'intensifiaient ce que Moscou percevait comme des agressions contre son allié serbe, la Russie réémergeait sur la scène internationale. Avec l'épisode du Kosovo en 1999, dans la phase finale de la présidence Clinton, cette dynamique atteignit son apogée. En réponse à l'opération de l'OTAN contre la Serbie, la Russie suspendit sa coopération avec l'OTAN dès le 24 mars 1999, tandis que, le 12 juin, Moscou envoyait ses troupes prendre position sur l'aéroport de Pristina : une véritable opération de Guerre froide… mais après la Guerre froide ! Il s'agissait alors de montrer qu'il n'y avait pas un seul maître à bord, que les actions unilatérales de l'Occident n'étaient plus admissibles et que chaque fois que les intérêts fondamentaux de la Russie seraient affectés, il faudrait composer avec Moscou.

L'épisode de l'aéroport de Pristina n'était que le premier exemple d'un comportement qu'on retrouve tout au long de la crise ukrainienne ouverte en novembre 2013 et qui se manifeste aujourd'hui à travers la crise syrienne. C'est toujours la même logique qui prévaut, et le même message implicite du pouvoir russe destiné à lutter contre sa marginalisation. C'est toujours le même effet pathogène d'une hégémonie qui se construit dans l'exclusion :

de ce point de vue, le maintien et l'élargissement de l'OTAN aux pays issus du bloc soviétique ont constitué un risque majeur. On rapporte que, lorsque cette question fut mise à l'ordre du jour d'un sommet de cette organisation en 1991, George H. Bush affirma qu'il n'était pas question de dissoudre l'Alliance atlantique alors que le pacte de Varsovie avait pourtant déjà disparu. François Mitterrand lui aurait répondu : « Vous nous annoncez la renaissance de la Sainte-Alliance[3]. » Dès lors qu'une alliance n'est plus justifiée par la menace concrète d'un regroupement adverse, elle n'est plus qu'un message hégémonique sans limite. C'est très exactement ce que le tsar de Russie Alexandre Ier voulait faire à travers la Sainte-Alliance. L'hégémonie suppose, pour s'imposer, une adhésion majoritaire des autres partenaires, du moins leur résignation : quand elle s'opère dans l'opposition à l'autre ou à certains autres, elle nourrit un affrontement permanent qui la menace à chaque moment de sa réalisation. Le vrai *hegemon* doit pouvoir se dispenser d'alliance.

---

3. R. Dumas *et al.*, *La Diplomatie sur le vif*, Presses de Sciences Po, Paris, 2013.

Un monde « apolaire »

L'autre mise en échec est venue des pays du Sud, désormais à même de rompre avec la logique de protection imposée par la Guerre froide et de jouer avec succès la carte de l'autonomie. N'ayant plus besoin de prendre position par rapport à l'Est ou l'Ouest, c'est essentiellement contre le Nord que les protagonistes les plus actifs du monde en développement ont commencé de se définir. Or, s'afficher contre le Nord, c'était maintenant s'opposer aux États-Unis. C'est ainsi qu'on a assisté à la montée d'un antiaméricanisme puissant dont l'une des principales chambres d'écho fut d'abord l'Amérique du Sud, et ses régimes nationalistes de gauche émergeant à partir des années 2000 dans l'arrière-cour des États-Unis

C'est aussi dans ce contexte que se sont produits les attentats du 11 septembre 2001, dont on a pu croire qu'ils inauguraient l'ère des « conflits asymétriques », alors qu'ils ne sont qu'une expression, entre bien d'autres, d'une dynamique en marche depuis plus longtemps. Plus qu'une rupture, le 11 Septembre est un révélateur qui met en lumière l'efficacité d'une nouvelle forme de violence capable de frapper au cœur même d'une puissance que l'on croyait invulnérable. La réaction américaine a donné libre cours à une exacerbation messianique de la volonté d'hégémonie unipolaire qui s'est manifestée sous les traits de l'idéologie néoconservatrice. Clinton adhérait déjà mollement à certains aspects de cette construction intellectuelle : George W. Bush et ceux qui l'aiguillonnaient dans ce sens (Dick Cheney, Donald Rumsfeld, Paul Wolfowitz, parmi d'autres) la poussèrent au paroxysme à travers le projet de *regime change*, d'abord appliquée au Moyen-Orient, puis, virtuellement, partout où leur *hybris* était susceptible de le leur dicter. La négation de l'autre devient alors aussi absolue que belligène puisqu'au fond ce projet n'admet le partenaire que s'il est fait à sa propre image...

On connaît le résultat et son étonnante contradiction : cet hyper-volontarisme unipolaire ne faisait que dissimuler la configuration réelle du monde post-bipolaire, en fait bien plus porté sur l'apolarité et la dévaluation d'une puissance devenue impuissante[4]. Les États-Unis collectionnent les échecs, sont devenus incapables de gagner une guerre, tandis que les puissances moyennes occidentales connaissent les mêmes déboires à leur échelle. Émerge dès lors un monde du « chacun pour soi », où des acteurs de

4. B. Badie, *L'Impuissance de la puissance. Essai sur les nouvelles relations internationales*, Fayard, Paris, 2004.

plus en plus autonomes jouent leurs propres cartes, avec des réussites locales qui les encouragent dans ce sens.

On se souvient que les « polarités de regroupement » ne répondent qu'à la nécessité de faire face à une menace. Or celle-ci est désormais tellement protéiforme et indéchiffrable que l'alignement sur un grand parrain non seulement a un coût d'entrée très élevé, mais est souvent contre-productif : la stabilité hégémonique de jadis[5] se convertit en « instabilité hégémonique », la protection oblige et expose davantage qu'elle n'assure la tranquillité… D'où ces stratégies très ambiguës, mais de plus en plus répandues, qu'on observe notamment en Arabie saoudite ou au Pakistan. Anciens « clients » des États-Unis, ces États ont trouvé les moyens de ruser et de contourner à moindre coût le parrainage des grandes puissances. Comment ne pas être désorienté par la posture du Pakistan, pays officiellement pro-occidental mais dont les services secrets soutiennent discrètement les talibans, ou par celle de l'Arabie saoudite, vieil allié des Américains mais liée par une série de réseaux à Al-Qaïda, voire de façon indirecte à l'Organisation de l'État islamique ? Leur

5. C. KINDLEBERGER, *La Grande Crise mondiale*, Economica, Paris, 1988 (1973).

attitude a pourtant une rationalité qu'il ne faut pas négliger dans le nouveau contexte post-bipolaire.

Le retour du club oligarchique

Parallèlement, à mesure que croissent les incertitudes sur la nature de ce nouvel ordre international, on voit les logiques oligarchiques reprendre le dessus. Les États-Unis, comme toute puissance à vocation hégémonique, n'ont jamais été de grands adeptes des oligarchies et des clubs : c'est sans grande motivation et presque à reculons qu'ils sont entrés dans le G6 formé en 1975, à l'initiative de Valéry Giscard d'Estaing, devenu G7 l'année suivante. N'oublions pas que l'idée même de ces regroupements est apparue à un moment où l'hégémonie américaine était considérablement affaiblie par la crise du dollar (abandonné comme monnaie de référence en 1971 et dévalué deux fois coup sur coup, en 1971 et en 1973), par la débâcle vietnamienne et par le scandale du Watergate. Face à cette triple faiblesse de leur partenaire transatlantique, parfaitement incarnée par la personnalité falote du président Gerald Ford, les Européens ont cru pouvoir renouer avec la logique de « concert ». À partir de cette époque, on assiste donc à une alternance entre les moments oligarchiques et les moments de retour en force des États-Unis, comme sous la présidence Reagan, qui entraîne mécaniquement l'affaiblissement des « G » (7, 8, etc.).

Le contexte de relative confusion qui caractérise la présidence de Bill Clinton leur permet en revanche de se régénérer et, dans les années 1990, le club oligarchique devient tellement sûr de lui-même qu'il finit par coopter la Russie, laquelle avait pourtant longtemps piétiné à la porte du G7. Avec la montée des puissances émergentes, ce G7+1, bientôt défini comme G8 (avant que la Russie en soit de nouveau exclue en 2014), paraît rapidement insuffisant. La crise asiatique de 1997 entraîne donc la constitution d'un G20 des ministres des Finances, mais il faut attendre 2008 pour que ce regroupement devienne un G20 des chefs d'État.

La date de 2008 est symptomatique, parce qu'elle coïncide avec un double affaiblissement de la puissance américaine sous le coup, d'une part, de la déconfiture irakienne et de l'échec flagrant du néoconservatisme, et, de l'autre, de l'élection d'un nouveau président des États-Unis qui va adopter une perspective tout à fait différente en matière de politique internationale. Le G20 naît dans cette espèce de « vide transitionnel », en novembre 2008, lorsque Barack Obama à peine élu n'est pas encore entré en fonction. Mais ce nouvel organisme est vite condamné à végéter par la réticence des vieilles puissances à trop élargir l'assise de la gouvernance mondiale.

On comprend dès lors que, snobés et marginalisés, les pays émergents s'emploient à contourner et contester la gouvernance oligarchique en recherchant de nouvelles formes de solidarité et d'association qui déconstruisent toute logique de polarité et que nous examinerons de façon plus approfondie dans les chapitres qui viennent.

3.

Les sociétés et leurs diplomaties

On ne peut pas comprendre la nature des relations internationales d'aujourd'hui en ne regardant que les cartes classiques de la géopolitique et en ne se nourrissant que de réflexions stratégiques. Il faut savoir franchir le pas et prendre en compte l'irruption des sociétés dans les domaines jusque-là réservés à la seule diplomatie. De ce point de vue, la révolution des communications, intervenue dès les années 1980 avec l'essor des TIC (les technologies de l'information et de la communication), va jouer un rôle fondamental jusque dans la transformation des comportements sociaux. Elle touche la télématique, les multimédias, l'audiovisuel et les télécommunications, c'est-à-dire le son, l'image et les informations. De fait, elle atteint tout le monde, des plus puissants jusqu'aux miséreux des bidonvilles du Sud. Elle s'impose comme le grand facteur innovant, le principal producteur d'un espace mondial profondément transformé. Jamais les relations internationales n'ont été à ce point bouleversées par un changement technologique. On peut même aller jusqu'à dire que cette rupture l'emporte en importance sur l'invention de la bombe atomique, de manière plus progressive et souvent beaucoup moins visible. L'arme nucléaire n'a modifié qu'un aspect, certes déterminant mais encore sectoriel, de la vie internationale. La révolution de la communication a mis à bas tous les paramètres sur lesquels s'était construit le système westphalien et elle a atteint l'individu dans son intimité profonde. Elle est le vrai facteur de la mondialisation qui a durablement révolutionné la planète.

En premier lieu, cette révolution a bousculé l'*effet de distance*, qui se trouve au centre même du jeu international. Ce paramètre ancien et fondateur a permis à la territorialité de faire sens et de construire une première conception du système international. Il a aussi permis à la nation et aux nationalismes de se constituer et de singulariser chaque unité politique et sa trajectoire historique sur la carte du monde. C'est également cet effet de distance qui a donné jadis un avantage décisif aux gouvernants sur les gouvernés : seuls les gouvernants pouvaient vaincre la distance grâce à leurs instruments régaliens, tandis que les gouvernés étaient en quelque sorte séparés les uns des autres en vertu des hasards de la construction nationale. Enfin, la distance servait de garant à la souveraineté : les États étaient d'autant plus souverains que leurs possibles adversaires étaient éloignés et ne disposaient que de moyens limités pour les atteindre. L'éloignement était gage de stabilité, de protection, d'ordre et d'affirmation.

Avec la communication généralisée, tout le monde peut virtuellement entrer en contact avec tout le monde, quelle que soit la distance et surtout sans tenir compte des limites frontalières. À mesure que les technologies venaient à s'affiner, il a fallu apprendre à vivre dans un monde où l'on ne comptait plus 50, 100 ou 193 acteurs (le nombre des États membres de l'ONU), mais 7 milliards d'acteurs potentiels susceptibles de déployer toute une série d'actions internationales en ignorant ou en contournant le choix de leurs dirigeants et en faisant fi de toute logique de souveraineté.

Cette révolution tranquille – qui, en effet, n'a jamais donné lieu à des ruptures spectaculaires ou dramatiques – a construit peu à peu la dynamique de la mondialisation, initialement dans la discrétion la plus absolue. Ces bouleversements incommensurables ont commencé à devenir sensibles alors qu'on était encore complètement installé dans la bipolarité et dans le confort de son univers conceptuel qui incitait à minimiser tout ce qui pouvait le bousculer.

La révolution invisible des sociétés et des États-nations

La révolution tranquille des communications a eu un impact encore plus profond qu'une simple déconstruction de l'effet de distance. Elle a doublé les relations internationales classiques, qu'il faudrait plutôt appeler « relations interétatiques », par tout un tissu de relations « intersociales ». À mesure que les sociétés civiles s'émancipaient de la pesanteur des contraintes étatiques et que les acteurs sociaux s'autonomisaient, y compris par rapport à leur communauté nationale, le jeu mondial allait toujours plus se caractériser par la prédominance de l'intersocialité sur l'internationalité.

Le métier d'enseignant et de chercheur en relations internationales s'en trouve lui-même transformé ! Il faut désormais tout revoir en fonction de ce nouvel intrus, d'autant plus discret qu'il n'est pratiquement jamais désigné comme tel et qu'il n'en existe pas de véritable manifestation institutionnelle. Ce défaut d'institutionnalisation est à la fois une force, car il garantit aux relations intersociales une sorte d'invisibilité protectrice, et une faiblesse, dans la mesure où il rend très difficile la mise en place de partenariats construits. L'intersocialité est un phénomène fondamentalement ambigu puisqu'il crée des opportunités – de coopération, de solidarité, de mobilité –, en même temps qu'il ouvre la voie à toute une gamme de périls : remontée des conflits sociaux locaux et nationaux à l'échelle du monde, rôle croissant des paramètres identitaires ou religieux, mondialisation des frustrations sociales, des inégalités et des intolérances. La puissance s'efface devant l'affirmation des effets dévastateurs d'une urbanisation galopante et mal maîtrisée, devant le rajeunissement spectaculaire des populations du Sud ou le vieillissement de celles du Nord. Le chômage, particulièrement pesant dans les sociétés du Sud les plus jeunes, contraint le jeu régional, puis international : il devient une source de mobilité d'abord, de conflits ensuite. La colère liée aux échecs du développement humain vient s'exprimer désormais dans un imaginaire mondialisé : le miséreux d'autrefois n'avait de ligne d'horizon que limitée à sa société locale, tandis qu'il a vite fait aujourd'hui de se penser dans un monde dont il voit désormais aussi les richesses qu'il étale et l'indifférence qu'il lui porte. Cet imaginaire mondialisé est de plus en plus le nerf vivant des situations de conflit de nature fondamentalement sociale : toutes les stratégies diplomatiques de la terre et toutes les armes du monde ne peuvent rien contre lui...

L'intersocialité, ce sont aussi ces acteurs sociaux, individuels ou collectifs, migrants, ou au contraire investisseurs, firmes multinationales ou ONG, médias internationaux, prêcheurs sur Internet ou Églises institutionnelles qui interagissent des centaines de milliers de fois chaque jour en faisant et refaisant l'espace mondial, sans pouvoir être soumis à des décrets. C'est enfin cette rencontre banalisée de cultures enchevêtrées, mais qui servent aussi à affirmer des identités distinctes.

Le fameux « choc des civilisations » constitue une des grilles d'analyse les plus emblématiques découlant de ces mutations : on doit l'image, aussi simpliste qu'intellectuellement confortable, à Samuel Huntington[1]. Dès lors que nous ne sommes plus seuls, il est évident qu'une culture ne peut plus organiser le monde en ignorant les autres, les comportements dont elles sont porteuses, les manières de voir, de penser et de se penser. La mondialisation conduit inévitablement, sous l'effet des échanges croissants, à une hybridation sans cesse plus poussée

1. S. Huntington, *Le Choc des civilisations*, Odile Jacob, Paris, 1997.

de cultures qui vivaient séparées et distantes. Poser en revanche le postulat de leur irréductibilité sous la forme d'un « choc de civilisations » est une manière de préparer au quotidien une prophétie autoréalisatrice : stigmatiser l'autre, suggérer la supériorité de ce qu'on est, pointer les distinctions vestimentaires et culinaires, rattacher un ordre politique – ou, pire, un contrat social – à une culture donnée revient à fabriquer de l'exclusion, à ghettoïser la mondialisation et à préparer des affrontements qui n'ont pas lieu d'être. C'est faire de l'intersocialité une nouvelle matrice de guerre, reproduire à l'échelle de la mondialisation le « *war-making/state-making* » qui faisait l'essence du système westphalien. Sauf que celui-ci a pu inventer l'équilibre de puissance pour limiter ses propres dégâts, là où le « choc des civilisations » nie tout choix d'équilibre en se rivant aux principes de hiérarchie et d'antagonisme.

L'individu et les acteurs sociaux deviennent, de façon plus ou moins ordonnée, les médiateurs d'un jeu plus mondial qu'international qui cantonne désormais les États, les diplomates et leurs armées dans un rôle essentiellement réactif. Cette réaction, qui se fait par recours aux armes classiques des États, tend à manquer son but et à aggraver le contentieux qui oppose de façon croissante ceux-ci aux acteurs sociaux : ce que les guerres de décolonisation avaient ainsi commencé à poser prend désormais une importance que le poids de la mémoire westphalienne interdit de concevoir.

Les comportements sociaux viennent ainsi s'inscrire au centre du jeu international, disqualifiant l'analyse stratégique classique, déterritorialisant les conflits, minorant leur nature régalienne. Le ressentiment, l'humiliation, la frustration, la souffrance au quotidien font l'ordinaire des nouvelles relations internationales. Non seulement on n'est plus seul au monde face à des États nouveaux, mais on n'est plus isolé de jeux sociaux innombrables qui font le quotidien de l'agenda diplomatique.

Dans ce domaine, une longue préhistoire bloqua, dans un premier temps, toute remise en cause du dogme westphalien : peut-être l'a-t-elle-même d'abord conforté. L'intersocialité se forme dans un processus de longue durée, celui de l'émergence et de la découverte difficiles du social au sein même des différentes communautés nationales en formation. Le social et le politique étaient d'un certain point de vue complètement séparés à l'aube de notre modernité. Du fait de la pesanteur des modes de gouvernance, du poids des hiérarchies de caste et de classe, mais aussi de la faiblesse des moyens de communication, les sociétés semblaient destinées à vivre en dehors du politique, au ras de la réalité sociologique, en quelque sorte. Dans la société rurale, le rapport politique supposait une faculté de communication qui, techniquement, était quasi inexistante. On apprenait très tardivement qu'une guerre était en cours, ou que le roi était mort et déjà remplacé par son successeur.

La première étape d'émergence – et de politisation – du social est précisément liée à l'essor des premiers espaces de débat au XVIIIe siècle, le siècle des Lumières[2]. Ces nouveaux espaces sont liés à la ville et aux échanges croissants : cafés, théâtres, salons littéraires étaient alors autant de lieux de sociabilité et de dialogue qui intensifiaient les relations entre sphère sociale et sphère politique. Cette intensification trouva peu à peu son écho dans la sphère des relations internationales. Celles-ci étaient au long du XVIIIe siècle encore largement préservées de l'irruption du social, mais la Révolution française de 1789 s'est chargée de changer la donne. La levée en masse, la mobilisation des sociétés derrière les causes politiques, la mission conférée aux soldats de l'an II d'aller libérer les peuples européens opprimés étaient autant de symptômes d'une transformation

2. *Cf.* J. Habermas, *L'Espace public. Archéologie de la publicité comme dimension constitutive de la société bourgeoise*, Payot, Paris, 1988.

de l'essence des relations internationales. La guerre en particulier commençait à changer de nature : elle n'était plus un tournoi entre princes mais une mobilisation des sociétés au service d'une cause politique. On avait là les prémices des nationalismes des XIXe et XXe siècles, fondés sur la « communauté imaginée[3] » des citoyens constitués en peuple par les techniques de la communication montante et de la mobilisation étatique.

Dans cette dynamique de fusion ou d'hybridation progressive du social et du politique, État et nation étaient faits pour se concilier, ce qui offrit un répit au système westphalien. Ils avaient ceci en commun qu'ils respectaient tous les deux les frontières et la communication restait essentiellement à l'intérieur de celles-ci. L'État n'était plus seulement le centre dynastique ; il devenait une communauté politique organisée qui se percevait comme telle et qui se manifestait dans des institutions de plus en plus omniprésentes et durables et dans des affects de plus en plus vivaces. C'est là tout ce qui a fait – et continue à faire – la force du nationalisme.

3. B. ANDERSON, *L'Imaginaire national. Réflexions sur l'origine et l'essor du nationalisme*, La Découverte, Paris, 1996.

Quand le social colonise les enjeux géostratégiques

On peut donc imaginer la tournure que prirent les événements quand la communication changea de braquet, lorsqu'il ne s'agit plus simplement de faire circuler l'information à l'intérieur des espaces nationaux, mais de la diffuser au niveau mondial. L'usage du câble à fibre optique TAT8, installé dès 1988 pour communiquer entre les deux rivages de l'Atlantique, a ainsi aussitôt provoqué une telle densification des échanges qu'il n'y avait plus, en tout cas techniquement, de différence entre un échange national et un échange international. Ce n'étaient plus seulement les marchandises qui franchissaient les frontières, mais les idées, les sons et les images. Il se créait ainsi un espace de quasi-immédiateté relationnelle qui conféra très vite à tous les acteurs sociaux un véritable statut international.

Tous ces facteurs contribuent à fabriquer l'ordinaire de ce qu'on appelle le *soft power*, une nouvelle instance de pouvoir multiforme qui complète, complique ou déstabilise, selon les cas, le jeu traditionnel de la puissance. On voit aussi se créer, sinon une opinion publique internationale, du moins une opinion publique *sur* l'international, en fait une interaction croissante des opinions nationales capable de forger certaines représentations des enjeux mondiaux jusque-là quasiment absentes des relations diplomatiques traditionnelles.

Telle est donc la nouvelle scène, et tels en sont les acteurs. Mais, dans le même mouvement, l'intrigue change aussi, jusqu'à redéfinir la nature même des enjeux internationaux. S'il y a eu une seule vraie révolution frappant les relations internationales, elle se situe bien là : désormais, les enjeux politico-militaires sont rattrapés et dépassés par les enjeux sociaux. Les grandes questions sociales internationales se révèlent beaucoup plus structurantes et déterminantes que les enjeux géostratégiques. C'est le rythme des avancées et des échecs du développement économique et social, et singulièrement de ce qu'on appelle aujourd'hui le « développement humain », qui définit le cadre réel des compétitions, des tensions et des conflits internationaux.

Un des exemples les plus parlants de cette évolution touche à l'analyse des conflits, qui changent profondément de nature : au lieu d'être des effets de compétition de puissance, comme au temps du jeu interétatique, ils apparaissent comme des effets de faiblesse liés à l'effondrement des États, à la décomposition sociale, à l'échec subi dans la construction des sociétés civiles et des liens sociaux, aux désastres économiques et aux facteurs d'insécurité humaine.

Autant de facteurs qui sont susceptibles de faire peu à peu basculer des sociétés entières dans l'espace de la guerre et de transformer des entités sociales pacifiques ou du moins faiblement conflictuelles en véritables sociétés guerrières. Avec l'ascension du social dans l'espace international, la faiblesse l'emporte donc sur la puissance dans son aptitude à définir les nouveaux rapports régissant la scène mondiale. Il suffit de regarder le classement des pays en fonction de l'Indice de développement humain (IDH)[4] ainsi que leur distribution géographique. La carte des IDH les moins élevés coïncide presque parfaitement avec celle des conflits armés contemporains. Au bas de la liste, on trouve en effet les pays du Sahel, le Mali, le Niger, le Tchad, plus à l'est, l'Érythrée et la Somalie, et, plus au sud, la République centrafricaine, les pays de la région des Grands Lacs et du bassin du Congo. En Asie, les IDH sont généralement supérieurs à ceux des pays africains, mais on trouve, comme par hasard, en queue de peloton, le Yémen ou l'Afghanistan, deux nations déchirées par la guerre.

4. Cet indice mis au point par le PNUD dès 1990 mesure le développement humain en combinant le revenu brut par habitant en parité de pouvoir d'achat, l'espérance de vie et le niveau de scolarisation.

La détresse sociale s'affirme ainsi le plus souvent en articulation étroite avec la prolifération de dynamiques idéologiques potentiellement conflictuelles. Et, plus généralement, cette « socialisation » des enjeux mondiaux bouleverse complètement les catégories familières des relations internationales : on passe de la souveraineté à l'interdépendance, du primat de la puissance au rôle déstabilisateur de la faiblesse, de la territorialité à la mobilité, de la lecture clausewitzienne de la guerre, fondée sur un choc d'États, à une conflictualité davantage liée à la décomposition des sociétés. Là encore, c'est tout le système westphalien qui est mis en cause. Une autre grammaire de la guerre apparaît principalement hors du champ de l'ancien monde.

Les deux mondialisations et la revanche du local

Il faut toutefois se garder de considérer que cette socialisation des enjeux mondiaux, elle-même liée à la dynamique de la mondialisation, ne concerne que les sociétés en développement. Ce serait oublier que l'intersocialité est aussi à l'œuvre dans les pays développés, où se manifestent la plupart de ses ambiguïtés. Vu du Nord, on peut très vite parvenir à la conclusion que la mondialisation conduit à la victoire des firmes multinationales, à l'enrichissement et au renforcement des mieux dotés, à la soumission des pauvres aux riches. Il est vrai que l'intersocialité a eu cet effet dans les pays hégémoniques imposant la loi du marché face à l'État-providence qui avait des difficultés à s'adapter : les États les plus avancés se sentaient – et se sentent toujours – menacés par ces nouvelles forces transnationales, incarnées par exemple par ces firmes géantes qui ont souvent un chiffre d'affaires supérieur à leur propre PIB et qui, jouant de l'optimisation fiscale, échappent à l'impôt.

Cependant, si on observe la mondialisation depuis le Sud, la réalité apparaît plus subtile et plus complexe : on perçoit qu'un univers mondialisé peut aussi créer des espaces d'opportunité, ouvrir progressivement un vaste champ de contestation conduisant à l'irruption des sociétés – certes encore incertaines et peu organisées – dans l'espace politique, accélérant les mobilisations et les prises de conscience politique, créant même des réseaux de solidarité, d'un Sud à l'autre et du Nord vers le Sud. Tout se passe comme s'il y avait deux mondialisations. L'une qui accélère la conscience des acteurs, quels qu'ils soient, les incitant à revendiquer contre un dictateur qui demande à être nommé président à vie ou contre une déchetterie polluante que des multinationales imposent à telle mégalopole du golfe de Guinée, singulièrement au Ghana, en Côte d'Ivoire ou au Nigeria. L'autre qui met les peuples sous la tutelle des marchés, accusant la pression sur les réseaux de distribution alimentaire, bloquant l'industrialisation, renforçant les relations de clientèle au profit d'une petite oligarchie locale.

Aucune de ces deux mondialisations ne l'a encore définitivement emporté sur l'autre. Contrairement à certains discours altermondialistes, nul ne peut prétendre que la dictature du capitalisme international a été solidement et durablement installée par la mondialisation. D'abord sociale sans être fatalement économique, la mondialisation évoluera en fonction de ce qu'en fera la diplomatie mondiale, c'est-à-dire pour l'instant peu de chose. Pensons que l'insécurité alimentaire n'a jamais fait l'objet d'aucun débat au Conseil de sécurité des Nations unies et que la sécurité sanitaire n'y a été discutée que… deux fois ! Pire encore, la diplomatie mondiale continue à aborder ces questions par le biais des relations interétatiques, construisant ainsi l'un des plus gigantesques cercles vicieux : agissant de la sorte, elle marginalise davantage les acteurs sociaux capables d'innovations et promeut un peu plus des États locaux sclérosés et corrompus, aggravant encore la situation.

Un autre piège consiste à croire que la mondialisation est la négation du local. Ce serait là une vision naïve et caricaturale du phénomène. Fondamentalement, la mondialisation ne consacre pas mécaniquement la victoire du global pris au pied de la lettre, mais alimente plutôt la revanche du social face au politique. Ce dernier, par définition, ne peut pas se mondialiser : il se confond avec la construction d'une cité qui repose nécessairement, sinon sur la souveraineté, du moins sur la délimitation. Lorsqu'on entre dans la mondialisation, on sort en partie du politique pour s'inscrire davantage dans le social, dans les échanges généralisés (économiques, culturels, voire protestataires). D'où l'énorme enjeu de la gouvernance globale et l'extraordinaire difficulté de réinventer la sphère politique à cette échelle. Mais à partir du moment où le social vient à s'exprimer dans l'ignorance ou le contournement des frontières, il doit s'appuyer sur une base nouvelle. Il va donc mobiliser les références connues de tous et, bien évidemment, en premier lieu, la société locale. C'est pour cette raison que le local resurgit aujourd'hui avec tellement de vigueur, et que la mondialisation ne fait pas disparaître les particularismes, bien au contraire.

Ce retour aux particularités identitaires permet à l'individu de se situer dans ce nouvel espace mondial. C'est pourquoi tout progrès de la mondialisation se traduit par des expressions localistes ou identitaristes. Elles sont plus localistes dès lors que l'individu se sent en confiance face à la construction de ce nouvel espace mondial ; en revanche, elles se font identitaristes s'il se sent menacé. L'emblème identitaire s'affiche alors de manière revendicative et excluante, en forme de réponse de fermeture à la logique de mondialisation : on y trouve le principal foyer du populisme européen, mais aussi toutes les variantes fondamentalistes qui, de l'islam à l'hindouisme, de l'intégrisme chrétien aux dérives extrémistes du judaïsme, font l'ordinaire de l'actualité.

Mais le regain du local peut se traduire par un activisme ouvert, comme ces grandes villes qui se lancent dans des projets de coopération internationale, ces ONG qui créent des coalitions transnationales d'acteurs de la société civile locale, ou encore ces coopérations interrégionales qui se développent partout, par-delà les frontières, les montagnes ou les fleuves… On perçoit ici l'une des faces positives et conquérantes de ce qu'on appelle parfois la « glocalisation ». L'Europe des régions se révèle finalement autrement plus active que celle des institutions communautaires, tandis que l'Asie, si crispée dans des postures nationalistes et souverainistes, compense ces survivances d'un monde qu'elle n'avait pas choisi par des « territoires économiques naturels », qui relient informellement Taiwan à la Chine continentale, réunissent les frères ennemis singapourien, malaisien et indonésien dans des « triangles de croissance » et suscitent même, autour du fleuve Tumen, un « Hong Kong du Nord » alliant pour un temps, et certes avec difficultés et atermoiements, Chine, Russie, Japon, Mongolie, Corée du Sud et... Corée du Nord !

Au-delà de cette résurgence du local, la mondialisation stimule les comportements protestataires : concorde et mobilisation alternent ainsi, comme pour indiquer que le nouveau monde n'est promis ni aux utopies consensuelles, ni à l'implosion conflictuelle. Pour désigner la mondialisation, le sociologue et politiste américain James Rosenau a employé à juste titre le concept de « turbulence »[5]. L'individu qui se percevait, pendant des générations, comme strictement enraciné dans le local ou le national se situe désormais par rapport à un monde qu'il connaît souvent mal et qu'il découvre brutalement, souvent à ses dépens. La mondialisation devient naturellement pour lui un espace public de protestation face aux injustices et aux inégalités globales

5. J. N. Rosenau, *Turbulence in World Politics: A Theory of Change and Continuity*, Princeton University Press, Princeton, 1990.

qui déstabilisent les espaces locaux. Un des premiers effets de l'intersocialité est donc de faire monter en puissance toute une gamme de contestations qui sont d'autant plus débridées qu'elles ne s'adressent plus seulement au prince, à celui qui dirige la cité, mais aux supposés « maîtres du monde », à tous ceux dont on pense à tort ou à raison qu'ils contrôlent et définissent l'ordre international. Un nouvel espace public tend ainsi à naître : l'ancienne et canonique protestation issue de notre histoire occidentale n'est plus seule au monde…

Ces nouveaux discours contestataires puisent dans cet imaginaire mondialisé mentionné plus haut, qui n'est pas une entité idéologique uniforme se reproduisant à l'identique aux quatre coins de la planète, mais repose au contraire sur toute une gamme d'hybridations opportunistes entre local et global. La nouvelle rhétorique de contestation qui en découle s'appuie à la fois sur un imaginaire global et sur des « ressources de sens » locales qui renforcent sa crédibilité et sa vitalité : la complexité et la richesse des forums sociaux et des formes récurrentes de contestation mondiale nées de la grande manifestation de Seattle en novembre 1999 lors du sommet de l'OMC sont là pour en témoigner. Enfin, cette contestation prend désormais pour cible non plus seulement les élites de proximité, mais tous ceux qu'on perçoit comme responsables de l'ordre – ou du désordre – mondial. La mondialisation engendre ainsi une formidable dynamique de mise en accusation généralisée sous les formes les plus diverses : anti-occidentalisme, anti-impérialisme, dénonciation des « croisés » ou des infidèles, le répertoire rhétorique changeant selon la nature de l'acteur.

Il faut préciser la différence qualitative entre cette « occidentalophobie » contemporaine et les formes d'anti-impérialisme et d'anticolonialisme plus classiques. Le propre de l'anticolonialisme était de s'inscrire dans un cadre national revendiqué : le « moment anticolonial » a été, à ce titre, un grand moment de célébration des vertus de l'État et de la nation, y compris dans nombre de pays du Sud qui n'en avaient qu'une connaissance imprécise et souvent déformée. Sans avoir réellement connu de culture étatique préalable, on y adulait l'État : on le désirait et on le valorisait, tant il était perçu à la fois comme un instrument d'émancipation face au colonisateur et comme l'espace d'un entre-soi séparé et distinct au sein du système international. On était, au temps des indépendances, dans un contexte prémondialisé : n'oublions pas que l'essentiel de la décolonisation s'est opéré dans les années 1950 et 1960, alors que le concept de mondialisation n'existait pas encore et que sa réalité était peu perçue et tout à fait embryonnaire. Une fois acquises les indépendances des pays du Sud, le décor a changé et laissé la place à la faillite de ces États « importés » pour lesquels certains s'étaient tant battus, à leur enlisement dans une série de dynamiques dysfonctionnelles, puis à leur transformation en machines autoritaires extrêmement oppressives qui perdaient bientôt toute légitimité. Face à l'échec de l'État, ont été mobilisées dans le tissu social de nouvelles identités de substitution, essentiellement d'ordre communautaire, tribal ou religieux. Et à mesure qu'on découvrait la mondialisation, la frontière et le territoire ne jouaient plus un rôle aussi crucial que dans les phases de mobilisation anticoloniale. La dénonciation des États manqués allait ainsi de pair avec l'amorce d'une mobilisation mondialisée : d'où la nature très sensible de cette évolution postcoloniale qui pèse de plus en plus sur la gouvernance mondiale…

La nouvelle contestation engendrée par la mondialisation ne s'adresse plus tellement à l'État d'appartenance, mais à un monde global, tenu pour responsable des principaux malheurs, tout en étant perçu comme la seule instance capable de délivrer de cette situation de misère qui est la sienne : à travers les possibilités ouvertes par la migration ou à travers l'activation de formes diverses de solidarité transnationale. Ce nouveau monde est à la fois désigné comme coupable et injuste mais aussi comme la source des espoirs les plus insensés. Pour les migrants qui aujourd'hui se battent contre les barbelés, aux frontières de la Hongrie ou de la Slovénie, l'Europe reste infiniment plus pourvoyeur d'emplois, de confort et de sécurité que le monde d'où ils viennent. Quand on y pense, dans la première décennie de notre siècle, la population active n'a augmenté que de 15 millions dans les pays développés, mais de 445 millions dans les pays en développement ; quand, sur les quinze dernières années, l'Italie voit diminuer le nombre de ses actifs, le Nigeria en gagne 25 millions de plus… Le paradis gagne ainsi une place dans les imaginaires et parvient à mobiliser ! Mais ce paradis dont on espère aborder les rivages est aussi fait de territoires comme le « 9-3 » en France ou Molenbeek en Belgique, que nul ne semble savoir intégrer et qui abritent des hommes et des femmes qui risquent parfois de se percevoir à la fois comme victimes de la modernité mondialisée et comme des combattants mobilisés contre un ordre injuste et impie.

Vers une nouvelle sociologie des relations internationales

Il va sans dire qu'une telle émergence du social dans l'arène mondiale a été un véritable choc pour l'étude des relations internationales. Face à cette brutale remise en cause des schémas établis et des routines conceptuelles, on a observé deux façons de réagir : d'une part, une posture d'ignorance incitant à faire comme si pratiquement rien n'avait changé, et, de l'autre, une tentative courageuse mais inaboutie pour repenser entièrement la discipline. Il faut bien dire que le déni du réel a remporté un certain succès. Dans la communauté des chercheurs en relations internationales, elle a surtout animé le courant dominant, les « réalistes » de toute obédience qui tiennent toujours les relations internationales pour la chasse gardée des États rivés à leur propre puissance[6]. De leur point de vue, le *power politics* reste l'élément fondamental des relations internationales,

---

6. R. N. Lebow, « Realism in international relations », *in* B. Badie, D. Berg-Schlosser et L. Morlino (dir.), *International Encyclopedia of Political Science,* Sage Pub., Thousand Oaks, Los Angeles, tome 7, 2011. En théorie des relations internationales, le réalisme construit ses analyses sur le rôle jugé prééminent de la puissance conduisant chaque État à rivaliser sur la scène internationale dans le but exclusif d'optimiser ses intérêts nationaux.

et l'émergence des nouveaux facteurs – économiques, sociaux et culturels – reste un phénomène marginal qui ne modifie pas fondamentalement le comportement des États et leurs diplomaties.

Cette réponse était d'autant plus tentante à l'époque de la Guerre froide et de la « coexistence pacifique » que la bipolarité semblait préserver et, en quelque sorte, « geler » les conceptions classiques de la politique de puissance. Ce déni de réalité s'est perpétué bien au-delà et chez les praticiens eux-mêmes : un ancien ministre des Affaires étrangères français expliquait récemment que les sociétés et les opinions publiques n'avaient pas à se mêler de diplomatie, que celle-ci ne relevait nullement de leur compétence, et qu'admettre l'opinion publique dans l'arène diplomatique serait comme accueillir la famille d'un malade en salle d'opération…

Si l'on voulait filer cette métaphore étrange, on pourrait faire observer que les acteurs sociaux se sont installés depuis longtemps dans le bloc opératoire et qu'il serait prudent de les accepter comme tels, quitte à leur faire enfiler des combinaisons stériles : il est parfaitement illusoire et anachronique de croire qu'on pourra durablement les tenir à l'écart du bloc. En réalité, non seulement le succès des diplomates professionnels n'est pas toujours garanti, mais l'incompétence des acteurs non étatiques n'a rien d'une fatalité. Dans certaines situations, c'est même l'action des ONG qui a le plus activement contribué à rétablir la paix, comme l'illustrent les exemples d'Aceh et du Mozambique. Dans le premier cas, le Henry Dunant Center for Humanitarian Dialogue joua un rôle remarquable dans le processus de négociation qui, entre 2000 et 2002, permit de conduire à la paix entre les rebelles sécessionnistes du nord de Sumatra et l'État indonésien. Dans le second cas, nul ne saurait négliger la part qui revient à la communauté Sant'Egidio dans le règlement de la guerre civile qui, de 1976 à 1992, opposait la Renamo au Frelimo… Ces pratiques – communément appelées « *track II diplomacy* » – sont loin d'être négligeables, mobilisant des acteurs privés qu'on était heureux de pouvoir accueillir dans la salle d'opération…

Du côté des libéraux[7], la réaction a été tout autre. Pour eux, l'irruption du social ne faisait que confirmer leurs intuitions d'origine ; elle légitimait des aspirations que l'on tenait depuis trop longtemps pour utopiques. Au cœur du libéralisme, les

7. Se réclamant des principes de liberté et d'individualisme, les libéraux en relations internationales prônent, à l'encontre des réalistes, la promotion des droits et des échanges, et une puissance limitée par le jeu des institutions.

vertus de l'échange et de l'individu annonçaient le temps où les sociétés apporteraient la paix : ils ont donc accueilli avec enthousiasme l'arrivée d'acteurs non étatiques dans le jeu international, mais en présupposant qu'elle ne se ferait qu'à travers la généralisation du commerce et le triomphe de la démocratie. La doctrine Wilson demeurait leur principale inspiration.

On restait ainsi dans le *wishful thinking*, en deçà de ce que le social voulait réellement dire et de ce que cette nouvelle ère allait apporter. Soyons clair : les principaux problèmes liés à la crise contemporaine des relations internationales ne relèvent pas tant de la dynamique de la démocratisation ou de l'intensification des échanges économiques, ils sont d'abord liés à l'état de décomposition sociale qui affecte un certain nombre de pays. Loin d'obéir à une téléologie linéaire de la démocratisation à l'occidentale qu'il suffirait d'encourager à l'aide de vieilles recettes valables en tout temps et en tout lieu, cette somme nouvelle de conflits et de tensions sociales exige le déploiement de nouveaux instruments d'intervention politique ; elle attend aussi de nouvelles logiques de coopération internationale qui ne peuvent pas préjuger des aspirations des divers acteurs non étatiques émergents. L'ingénierie démocratique est souvent illusoire, formelle, attachée à l'idée naïve qu'il suffit de voter pour que la démocratie existe, faisant l'impasse sur l'obtention préalable des libertés publiques essentielles et surtout la construction de liens sociaux minimaux capables de promouvoir un vrai contrat social : l'énorme littérature consacrée à une « transitologie » d'inspiration libérale semble l'avoir oublié…

En fait, l'irruption du social dans l'arène internationale peut aussi bien recouvrir le meilleur – comme par exemple les quinze millions de personnes descendues dans la rue le 15 février 2003 pour s'opposer à la guerre en Irak – que le pire comme les crispations communautaires, tribales ou religieuses qui alimentent des radicalités multiples dans toutes les sociétés qui ne parviennent plus à s'organiser en États. La réalité est beaucoup plus complexe et difficile à saisir que certaines illusions libérales pourraient le laisser penser.

L'alternative à ces deux impasses conceptuelles consiste à construire une véritable sociologie des relations internationales ouvrant à deux perspectives majeures. En premier lieu, les relations internationales ne doivent pas être tenues pour une sphère à part : elles sont constituées de faits sociaux comme les autres, elles sont inscrites, elles aussi, dans le tissu de notre univers quotidien, même si c'est à une échelle particulière. En second lieu, la configuration des relations internationales n'obéit plus et n'obéira sans doute plus jamais à la seule initiative des États, car ces derniers sont de plus en plus promis à réagir à la dynamique des sociétés, plutôt qu'à agir sur elles. Cette dynamique des sociétés est faite d'évolutions profondes telles que l'intensification des communications, le développement, l'urbanisation, la pression démographique, la réalité migratoire, les mobilités sociales, les imaginaires collectifs, la violence sociale. N'oublions pas le poids de l'humiliation, de la frustration, de l'échec, de la colère qui sont tous devenus des passions sociales incontournables de la vie internationale. Celle-ci évolue désormais beaucoup plus au rythme de la colère des sociétés qu'à celui de la diplomatie des « monstres froids » étatiques.

Le monde ne s'est pas fait en un jour, et les sciences non plus. Sera-t-on capable de construire dans un délai acceptable une sociologie fine et juste des relations internationales à la hauteur des exigences et des défis de l'époque ? Il existe certes déjà des efforts remarquables dans ce sens[8]. On a

8. Mentionnons, en particulier, l'œuvre de James Rosenau (1924-2011), dont l'ouvrage fondamental, *Turbulence in World Politics*, *op. cit.*, est paru précisément au moment de l'effondrement de l'illusion bipolaire, en 1990.

pourtant du mal à voir se constituer cette nouvelle discipline, qui serait davantage empirique que théorique. Le moment est probablement venu de retourner aux grands fondateurs des sciences sociales : Durkheim, Weber, Marx ou Tönnies[9]. Les relations internationales ne doivent plus être une simple analyse des configurations de la puissance, elles doivent s'imposer aussi comme la science de la « tectonique des sociétés ».

---

9. G. Devin (dir.), *Dix concepts sociologiques en relations internationales*, CNRS Éditions, Paris, 2015.

4.

Petit tour du nouveau monde

La scène internationale est indissociable des acteurs sociaux, de leur comportement, de leur culture et de leurs attentes : bien du chemin a été fait depuis le concert européen réunissant princes et dynastes de même esprit et de même culture... Aujourd'hui, le jeu des diplomates est l'otage perpétuel de la densité de la mondialisation et de la complexité des histoires qui s'y rencontrent, voire s'y entrechoquent.

La fin de la bipolarité avait alimenté l'illusion que les États-Unis demeuraient seuls sur leur piédestal hégémonique, posture dont on a établi qu'elle était des plus rares dans l'histoire, tandis que, jusqu'en 1989, l'aspiration qui en dérivait ne s'est concrétisée que sur une base dyarchique, *face à* l'Union soviétique et *avec* elle. On a vu aussi qu'au lendemain de la chute du mur de Berlin l'illusion unipolaire n'a guère duré plus de trois ou quatre années.

Même si l'OTAN a été maintenue, même si l'idée d'une « famille occidentale » a été pérennisée, la fin du « campisme » et l'affaiblissement de la logique de protection ont considérablement distendu les liens entre alliés atlantiques comme entre parrains du Nord et clients du Sud. En fait, l'illusion constitutive du moment unipolaire est liée à un événement étranger à l'effondrement du bloc soviétique : l'invasion du Koweït par Saddam Hussein et la formation d'une vaste coalition chargée de bouter les troupes irakiennes, sous l'autorité de la résolution 678 du Conseil de sécurité. L'Union soviétique agonisante vota en faveur de la résolution ; la Chine, soucieuse de faire oublier les événements de Tiananmen l'année précédente et d'être acceptée au sein du système international, fit profil bas et s'abstint. Le *leadership* américain semblait tellement incontesté que le secrétaire général des Nations unies, Javier Pérez de Cuéllar, se sentait quasiment dépossédé de son rôle par un simple général américain, Norman Schwartzkopf, qui dirigeait l'opération multinationale « Tempête du désert ».

L'idée que, désormais, Washington menait le monde et gagnait sur tous les tableaux était renforcée par l'essor concomitant du *soft power* américain, cette forme de domination douce et séductrice qui passe par les modes de consommation (culturelle, notamment) et l'imaginaire importés des États-Unis. Victoire consensuelle dans le Golfe, pérennisation de l'OTAN, lancement d'initiatives diplomatiques à l'instar de la conférence de Madrid sur le Moyen-Orient, autant d'événements majeurs qui alimentaient chez certains l'espoir que la surpuissance américaine pourrait régler tous les conflits de la planète grâce à sa capacité politique, diplomatique et militaire. En fait, un multilatéralisme providentiellement opérationnel conduisait à concrétiser pour la première fois l'idée de « communauté internationale » et à incarner celle-ci dans la puissance américaine qui avait seule alors la vertu de pouvoir l'animer : la victoire fut grande pour celle-ci et amère pour les autres qui surent s'en souvenir plus tard.

Illusions et déboires de la puissance hégémonique

Il y a bien entendu un lien direct entre la victoire face à Saddam Hussein et la pérennisation de l'OTAN. Ce qui se passa entre 1989 et 1991 reproduisit en plus petit le processus qu'on avait vécu en

1945 : de la même façon que la puissance américaine avait alors délivré le monde de l'horreur nazie, elle avait maintenant gagné la Guerre froide contre l'ennemi soviétique, tandis que le *power politics* se réveillait dans la foulée pour annuler l'annexion du Koweït, État souverain membre des Nations unies, par un voisin gourmand et dangereusement autoritaire. L'OTAN devenait attractive au moment où il eût été logique de la dissoudre !

Ce caractère apparemment irrésistible de la puissance américaine se manifestait jusque dans les débats universitaires de l'époque. Certes, les modèles d'analyse reposant sur la primauté absolue de la puissance avaient commencé à être sérieusement critiqués par tous ceux qui mettaient en relief l'essor des échanges liés à la mondialisation, comme les tensions liées à l'émergence du Sud, mais l'agonie de la bipolarité et la nouvelle image des États-Unis vainqueurs grâce à leur supériorité favorisèrent l'émergence d'un « néo-réalisme », conduit par Kenneth Waltz, qui apparut l'année même de la « seconde guerre froide[1] », la relance de l'idée d'« hégémonisme[2] » et l'affichage

1. K. Waltz, *Theory of International Politics*, Mc Graw-Hill, New York, 1979.

2. R. Gilpin, *The Political Economy of International Relations*, Princeton University Press, Princeton, 1987.

d'un « réalisme offensif » par John Mearsheimer dans son livre *The Tragedy of Great Power Politics*, publié en 2001[3]. Obsédé par ce « conatus » spinozien, cet effort consenti par tous pour maximiser sa puissance, l'auteur se faisait un plaisir de rappeler que c'était bien la puissance américaine qui avait libéré la France en 1945 et l'Europe de l'Est en 1989. Face à cela, il n'y avait plus rien à dire, le débat était clos.

Ces certitudes ont pourtant été à leur tour ébranlées. Tandis que les feux de la guerre se rallumaient en Europe avec le conflit yougoslave, le Moyen-Orient reprit vite le rôle de « brouilleur d'image de puissance ». Alors que le conflit balkanique faisait renaître les tensions russo-américaines et les ambitions de Moscou, le consensus russo-américain s'effritait tout autant en Irak, la Russie supportant de moins en moins la pression militaire que Washington voulait exercer sur Saddam Hussein. Pourtant, au lieu d'une vieille rivalité de puissance qu'on aurait pu croire renaissante, une autre image s'imposait : la capacité grandissante du « petit » de faire valoir ses vues, de recomposer le jeu et de substituer la nuisance à la puissance,

3. J. Mearsheimer, *The Tragedy of Great Power Politics*, Norton, New York, 2001.

le suivisme des « grands » plutôt que la tutelle sur le petit frère...

Mais le principal problème est sans doute ailleurs : cette ère nouvelle de mondialisation et de dépolarisation se traduit non seulement par une formidable dévaluation de la puissance, mais aussi par une course à l'autonomie des uns et des autres. L'affaiblissement de la logique de protection et d'alliance liée à la bipolarité amène certains des alliés les plus fidèles des États-Unis à se détacher du parapluie américain. On voit ainsi l'Allemagne basculer dans une sorte de neutralisme, ou du moins de désengagement des enjeux militaires et géostratégiques, ce qui lui permet par ailleurs d'achever pleinement son hégémonie en matière économique dans l'espace européen. On découvre le Canada, ce fidèle voisin, prendre ses distances avec Washington sous la houlette de Jean Chrétien. La Turquie, jadis sentinelle de l'OTAN aux frontières du monde soviétique, se forge, elle aussi, une marge d'autonomie, notamment avec l'arrivée au pouvoir en 2003 de Recep Tayyip Erdogan et de l'AKP de sensibilité islamiste : l'Alliance atlantique, sitôt l'URSS disparue, doit désormais se conjuguer au pluriel. La question de la finalité de l'OTAN se trouve même posée, d'autant plus que celle-ci tend bientôt à déployer ses forces sous des horizons fort éloignés de l'espace atlantique, tels que le Pamir ou les abords de la Corne de l'Afrique, champs d'intervention qui n'ont plus rien à voir avec les motifs initiaux de sa création.

Surtout, l'efficacité de la puissance s'effrite face aux formes nouvelles de violence et de conflit : on entre vraiment dans le XXIe siècle. On a pu dire que le 11 septembre 2001 était une date charnière dont découlerait un nouveau monde. En réalité, elle n'était que le symptôme le plus spectaculaire de la lente montée d'une forme inédite de violence. Celle-ci balayait sur son passage tous les postulats d'un héritage westphalien qui avait structuré l'action de diplomatie occidentale depuis le XVIIe siècle, sans que la plupart des dirigeants politiques ne s'en rendent vraiment compte. D'un seul coup, la souveraineté perdait de sa pertinence et s'accordait mal à l'idée fondatrice de sécurité ; la violence ignorait les frontières et, pour la première fois, les États-Unis étaient défiés sur leur propre territoire, tandis que l'idée même de territorialité était entraînée dans ce bouleversement. Il n'y avait plus de théâtres d'opérations compacts ni unifiés, mais des connexions non euclidiennes entre des champs de bataille très éloignés : le World Trade Center devenait le foyer provisoire d'un conflit dont le centre de gravité était au Moyen-Orient, de même qu'en novembre 2015 l'Île-de-France était en quelque sorte « annexée » à un champ de bataille situé au nord de la Mésopotamie, entraînant l'agglomération bruxelloise (dont seraient originaires certains djihadistes des attentats de Paris) dans ce défi à la géographie classique

Les trois étapes de la réaction américaine

Nous sommes donc sortis de ce monde clausewitzien dans lequel les adversaires étatiques se faisaient face, avec leurs armées et leurs instruments régaliens, et où l'unité de compte était la puissance militaire au sens le plus étroit du terme. Face à cette dévaluation brutale de la puissance, les États-Unis ont réagi, en suivant trois étapes contrastées. La première est bien entendu le moment néoconservateur, dont on a déjà parlé. Face à la violence nouvelle manifestée le 11 septembre 2001, immédiatement taxée de « barbare », la superpuissance américaine brandit l'étendard de la civilisation et adopte une posture messianique : à travers ses souffrances et ses sacrifices, elle entend libérer le monde du mal. Le résultat est un manichéisme dangereux (« qui n'est pas avec nous est contre nous ») parfaitement incarné par les deux présidences de George W. Bush. La fameuse doctrine de la « diplomatie transformationnelle », puis du *regime change*, recouvre un triple objectif : on intervient partout dans le monde pour contenir le mal, pour le détruire, et pour substituer à cet ordre maléfique un ordre bénéfique. L'aboutissement a été notamment le désastre irakien dont nous payons encore les conséquences.

Le deuxième temps est celui du doute, stimulé précisément par les revers et les impasses de l'aventure irakienne (qui a coûté près de 1 000 milliards de dollars au budget des États-Unis). Dans les débats universitaires, les analystes libéraux relèvent la tête. Le *soft power* redevient à la mode, et l'idée de pluralisme, qui fait partie de l'ADN culturel américain, tout comme – et en contradiction périodique avec – le messianisme d'inspiration wilsonienne, se trouve réhabilitée et à nouveau mise en avant : tout compte fait, le monde pourrait être aussi pluriel…

C'est dans ce moment de doute qu'intervint l'élection présidentielle de novembre 2008. La rébellion contre l'*hybris* néoconservatrice se cristallise autour d'un candidat au profil inédit. Barack Obama est nouveau à tous points de vue. Il vient, comme on dit aujourd'hui, de la « diversité ». Premier Président noir, il a été un des rares responsables politiques à avoir maintenu tout au long du drame irakien une position hostile à l'intervention américaine. Enfin, il tient un discours volontariste (« *yes, we can* ») et de changement à même de séduire un électorat qui a profondément évolué dans sa composition démographique, et qu'on peut presque décrire désormais comme une coalition de minorités (Noirs, hispanophones, migrants récents, etc.), ce que n'avaient pas vu venir les néoconservateurs.

Une fois élu, Obama a tenté à sa façon de construire le changement promis. Le nouveau président américain n'est pas un provocateur : il ne cherche pas à passer en force. C'est aussi un homme qui a une connaissance intime des populations souffrantes ou marginalisées des États-Unis : pour lui, initialement, la réforme du système de santé, l'« Obamacare », est un thème au fond plus important que la politique étrangère. D'autant qu'au moment où il est élu, la politique internationale n'est plus vraiment au-devant de la scène : les feux du néoconservatisme se sont éteints et le Printemps arabe ne semble même pas poindre à l'horizon. Tandis que les braises irakiennes s'éteignent peu à peu, l'Europe commence à entrer dans un marasme économique qui l'amène à se détourner des questions stratégiques et géopolitiques.

Le premier mandat d'Obama a consisté essentiellement à solder les échecs du néoconservatisme : retrait d'Irak, tentative vaine de faire avancer à petits pas le conflit israélo-palestinien vers la paix, stratégie très prudente en Afghanistan. Barack Obama ne s'était d'ailleurs pas opposé à l'intervention dans ce pays et estimait même que l'aventure irakienne détournait les États-Unis des efforts à poursuivre sur le terrain afghan. Priorité est alors donnée à l'élimination d'Oussama Ben Laden, ce qui fut fait, le 2 mai 2011. La rupture n'est donc pas totale, d'autant qu'il est doté pour des raisons de politique intérieure, d'une secrétaire d'État, Hillary Clinton, qui incarne pour sa part un certain classicisme dans la conduite de la politique étrangère.

Le bilan de son premier mandat a pu paraître quelque peu décevant dans le domaine international, où l'avancée majeure est surtout doctrinale, à travers le discours du Caire, le 4 juin 2009, où, pour la première fois, un chef d'État américain reconnaît la pluralité du monde, ou celui prononcé le 23 septembre suivant devant l'Assemblée générale des Nations unies, où il est question de « nouveaux liens entre les peuples » et où se trouve restauré un multilatéralisme moqué par son prédécesseur. Le second mandat, en revanche, s'avère beaucoup plus pragmatique et volontariste. B. Obama est le premier président des États-Unis à faire le constat presque explicite que son pays n'est plus en mesure d'assurer le type de *leadership* hégémonique que ses prédécesseurs voulaient préserver ou imposer. Sans doute seul un homme issu des minorités pouvait percevoir qu'il s'agissait là d'une aspiration insensée et qu'il fallait accepter de construire une réelle altérité au sein du système international.

Si l'on considère le temps long de l'histoire des États-Unis, chacun s'accorde à considérer la succession de deux phases bien marquées : une première, isolationniste, officialisée dès 1823 par la doctrine Monroe, une seconde, impériale et universaliste, fruit de la participation aux deux guerres mondiales, à la Guerre froide et à ses suites immédiates. On pourrait désormais imaginer les prémices d'une troisième, peut-être sans lendemain, concevant un monde fondé sur la pluralité, telle qu'elle était énoncée pour la première fois par un président américain dans le discours du Caire. Cette histoire peut faire sens dans la mesure où chaque étape s'appuie sur une composante forte de la culture américaine : la première sur l'exceptionnalisme américain, la seconde sur son messianisme et la potentielle troisième sur les idées de polyarchie et de pluralisme qui sont parties intégrantes des idéaux politiques forgés outre-Atlantique depuis longtemps. On les retrouve notamment dans de très anciens discours sur l'équilibre des pouvoirs. Mais B. Obama donne, pour la première fois, le sentiment que cette idée fondatrice de la culture américaine peut pénétrer dans le domaine de l'international et qu'au discours huntingtonien sur le « choc des civilisations » peut succéder un début de discours sur la pluralité des civilisations.

Une des raisons pour lesquelles l'Histoire retiendra peut-être ce second mandat tient d'abord à la « fâcherie » avec Israël, qui constitue une rupture hors du commun dans la politique étrangère américaine. Jamais un président américain n'avait autant marqué ses distances avec un chef de gouvernement israélien : sur les colonisations, sur la politique à mener avec l'Iran, sur les perspectives de règlement du conflit israélo-palestinien, bien au-delà encore des querelles qui avaient opposé Bush père à Yitzhak Shamir au début des années 1990 et qui furent tant reprochées au président américain. Les résultats furent maigres, tant Israël ne modifia pas d'un iota sa politique à l'égard des Palestiniens, mais le suivisme constant de la politique américaine à l'égard d'Israël était pour la première fois abandonné.

Barack Obama fut évidemment contrarié par un contexte défavorable qui paralysa bien de ses initiatives. Ainsi en fut-il de sa volonté entravée de rapprochement avec la Chine et la Russie, qui se heurta, dans chaque cas, à la détermination incompressible de ses partenaires de conforter leur statut au sein d'un monde devenu très inégal ; elle gênait notamment l'ambition de Vladimir Poutine de restaurer la puissance russe trop brutalement effacée de la carte de la gouvernance du monde. La leçon semble claire : une crise de puissance, telle que vécue au tournant du siècle, faite d'incertitudes multiples où se mêlent dévalorisation de la capacité des uns et exagération ostentatoire de celle des autres, conduit à une affolante course au statut, chaque État cherchant d'abord à protéger son rang dans un monde déstructuré…

En revanche, le grand accord sur le nucléaire iranien, intervenu le 14 juillet 2015, et voulu par B. Obama, va bien au-delà de son objet officiel. Se profile, derrière ce traité, l'idée entièrement nouvelle qu'il existe des puissances régionales légitimes au Moyen-Orient. Sans convenir ouvertement qu'il revenait à celles-ci de résoudre les problèmes régionaux, là où les plus grandes puissances avaient totalement échoué, l'idée commençait à faire son chemin. Très vite après la signature de l'accord, l'Iran fut d'ailleurs associé au processus de tentative de solution du conflit syrien.

Dans un même mouvement, la réconciliation en marche avec Cuba révèle un autre regard porté sur l'Amérique latine, tandis que s'exprime un intérêt beaucoup plus soutenu pour l'Afrique et une certaine sensibilité aux grandes questions des biens communs de l'humanité, telles l'environnement et le changement climatique.

Bien entendu, la messe n'est pas dite et les contre-tendances à cette nouvelle sensibilité pluraliste résistent fortement, partout aux États-Unis. Le poids des intérêts économiques et du complexe militaro-industriel est indéniable, les démagogues du Tea Party n'ont pas lâché pied et les avocats de la *realpolitik* et du *hard power* sont toujours influents. Sans compter que l'élection présidentielle de novembre 2016 risque de ramener à la Maison-Blanche les partisans des vieilles conceptions impériales. Il n'est pas si facile de remiser au placard deux cent cinquante ans de politique messianique.

Séduction et limites du *soft power*

Quoi qu'il en soit, il est absurde de parler d'un « déclin » américain. D'abord parce qu'il n'y a pas de vrai déclin du point de vue des instruments classiques de la puissance : les États-Unis cumulent 43 % des dépenses militaires mondiales, ils disposent de la meilleure armée du monde, des ressources technologiques les plus sophistiquées. En revanche, c'est l'efficacité même de la puissance en soi qui décline :

serait-elle détenue par le Botswana ou le Guatemala, le résultat serait le même… Face aux conflictualités nouvelles que nous avons décrites, les instruments classiques de la puissance, notamment militaires, ne fonctionnent plus. La fameuse « révolution dans les affaires militaires » qui se profilait dès les années 1980 – d'ailleurs presque à l'unisson de l'évolution de la pensée stratégique soviétique – apparaît, elle-même, en décalage aujourd'hui. La doctrine du « zéro mort », du *fire-and-forget*, de la « guerre à distance », et l'illusion consistant à mobiliser des drones pour frapper anonymement des populations sans défense aussi bien que les cibles supposées se prêtent mal à une conflictualité qui n'est pas le produit des États mais qui « suinte » du corps social. Elle est même contre-productive et tend à faire le jeu des « entrepreneurs de violence » locaux.

Mais qu'en est-il du *soft power* des États-Unis, cette capacité de rayonnement du mode de vie et de l'imaginaire américains transmis par la consommation et les industries culturelles ? En Amérique latine, la vague des gouvernements de gauche arborant une rhétorique anti-impérialiste plus ou moins virulente n'a diminué en rien l'attractivité de cet imaginaire auprès des populations locales. Et si l'on doit parler des rapports complexes d'émulation entre la Chine et les États-Unis, d'aucuns observent que la fille de Xi Jinping étudie à Harvard, tandis que la famille d'Obama n'a nullement l'intention d'envoyer Sasha et Malia étudier à l'université Tsinghua de Pékin...

Pour bien comprendre les tenants et les aboutissants de ce phénomène complexe, il faut souligner le contraste saisissant qui oppose les cultures portées à un universalisme plus ou moins messianique et celles qui ne cherchent pas à s'universaliser. La culture chinoise relève de cette seconde catégorie : ce qui se passe au-delà des frontières de l'empire du Milieu laisse les Chinois à peu près indifférents, sauf si leurs intérêts directs sont en cause. Lorsqu'ils débarquent en Afrique, les diplomates et les hommes d'affaires chinois n'ont pas le souci de construire des États qui ressembleraient comme des petits frères à la République populaire. Peut-être est-ce parce que la Chine n'a jamais été habitée par une culture proprement religieuse : toujours est-il que son souci d'universalisation et, donc, de diffusion culturelle a toujours été des plus faible, si on exclut bien sûr sa sphère de rayonnement impérial, c'est-à-dire l'espace régional extrême-oriental. Il y a là un mélange de force et de faiblesse. L'universalisme, au contraire, est un gage de puissance, il fait peur, et il n'est guère de culture plus marquée de ce trait que celle des États-Unis.

En réalité, le vrai rival du *soft power* américain ne se trouve-t-il pas dans le potentiel empire musulman, lui aussi animé par un véritable messianisme de l'universel, une croyance forte en ce devoir d'exportation de la révélation dont il est dépositaire ? N'est-ce pas là une des clés de bien des tensions, des procès opérés de part et d'autre, des peurs et peut-être même des haines ? Les fantasmes qui accompagnent ce constat ne sont-ils pas d'autant plus vifs qu'il y a chez les uns la crainte obsessionnelle d'une perte d'hégémonie et chez les autres tant de ressentiments accumulés, d'humiliations subies et d'inégalités de moyens constatées ?

Le *soft power* américain demeure une réalité indéniable. Les États-Unis produisent moins de 10 % des films dans le monde, mais ceux-ci monopolisent plus de 50 % du temps de projection mondial. Dans les modes de consommation alimentaires, vestimentaires, les loisirs, la musique, le modèle américain l'emporte sur tous les autres. Pour autant, le *soft power* n'a jamais réussi à être un substitut au *hard power* : aimer Coca-Cola ou Jennifer Lopez ne conduit pas pour autant à adhérer aux orientations de la politique étrangère américaine. Comme le prouve par exemple le cas de l'Amérique latine, où l'américanisation des modes de consommation est intense sans impliquer pour autant une adhésion à la politique étrangère des *gringos.* Sans parler du Moyen-Orient, où les habitudes de vie sont de plus en plus calquées sur le modèle américain mais où l'antiaméricanisme des opinions publiques atteint des niveaux records. C'est une grande leçon : le « rêve américain » est loin d'avoir l'effet d'entraînement escompté sur les comportements politiques et ne sert nullement les plans de son hégémonie politique.

Le *soft power* peut même être capté et retourné contre les États-Unis par ceux qui en sont les destinataires. La force de la politique chinoise est ainsi d'exporter vers les États-Unis leurs meilleurs étudiants qui, une fois revenus en Chine, parviennent à cumuler un savoir-faire américain et un savoir-faire chinois permettant de combler le déficit de capacité qui les sépare du rival d'outre-Pacifique. Confiants en leur supériorité, les États-Unis, quant à eux, « importent » des étudiants mais en exportent assez peu, si bien qu'ils restent dans les limites d'une formation monoculturelle, fût-elle techniquement excellente. Peut-être la domination américaine sera-t-elle mieux assurée le jour où l'on verra un afflux massif d'étudiants américains vers les universités chinoises : la mondialisation conduit à valoriser, plus que ne le font les pays occidentaux, l'interdépendance et la réciprocité…

Russie : l'empire frustré

Aborder la question de la place du Vieux Continent dans le système international aujourd'hui ne peut se faire sans examiner sa relation avec la Russie, acteur évidemment fondamental des vieux jeux des puissances européennes. Les événements de 1989-1991 ont conduit les Occidentaux à considérer que la Guerre froide, sans jamais conduire à une confrontation militaire directe, s'était achevée par la victoire du camp occidental. Cette illusion d'une « victoire sans batailles » faisait déjà peu de cas de la trentaine de millions de morts pour faits de guerre qui apparaît encore comme la triste « ardoise » de la « coexistence pacifique ». En additionnant les victimes de la guerre de Corée, de celle du Vietnam, des guerres en Afrique et des guerres de décolonisation, on arrive à un score presque trois fois supérieur au nombre de victimes de la Première Guerre mondiale…

Au-delà de ce bilan occulté, on a trop simplement cru pouvoir accoler à la Russie l'étiquette de « puissance vaincue » et la traiter comme telle. On a pensé aussi un peu rapidement que la défaite de l'URSS signifiait l'intronisation du néolibéralisme comme pensée unique par défaut. On en a déduit que l'heure était à une gouvernance occidentale du monde. On retournait ainsi au congrès de Vienne de 1815, sauf que, cette fois, la Russie n'en faisait plus partie. L'esprit et la méthode restaient similaires. Parallèlement à la marginalisation relative du rôle du Conseil de sécurité des Nations unies et à l'évolution du « P5 » qui devenait *de facto* un « P3 » (États-Unis, France, Royaume-Uni monopolisant l'essentiel des résolutions déposées), la gouvernance mondiale s'est déplacée vers le G7, de composition essentiellement occidentale (le Japon y apparaissant comme l'« extrême Occident ») : celui-ci n'allait devenir le G8 et inclure la Russie que tardivement (1997), brièvement (moins de vingt ans, de 1997 à 2014) et, en réalité, superficiellement.

Le traitement de la Russie comme « vaincue » de la Guerre froide était totalement en décalage par rapport aux attentes des populations russes qui s'estimaient libérées d'un ordre soviétique disparu de sa belle mort et qui n'avait donc aucune raison d'être « puni » par des puissances « victorieuses ». Elles gardaient la mémoire de siècles de cogouvernance du monde, presque constitutives de leur identité, en tout cas de leur statut : de fait, cette punition perçue comme injuste devint presque mécaniquement la source d'extraordinaires frustrations. Le ressentiment russe eut pour cible la prétention exclusive des Occidentaux à la gouvernance mondiale et les dispositifs institutionnels qui l'accompagnaient.

N'oublions pas que la Russie a un passé – et même une identité pérenne – d'empire, et qu'un empire a beaucoup plus de mal à accepter la défaite qu'un État-nation. Ce dernier peut se régénérer rapidement à travers la défaite, tandis qu'un empire se considère comme avant tout meurtri dans sa prétention au rayonnement et à la domination. Priver la Russie de son statut de puissance mondiale nourrissait évidemment des pulsions revanchistes particulièrement virulentes. Du temps de Boris Eltsine, celles-ci ont été relativement tenues en bride, car les effets immédiats de la décomposition du monde soviétique étaient encore trop prégnants pour que le président russe pût réagir en soulevant l'étendard impérial. Mais sitôt Poutine arrivé au pouvoir en 1999, il en fut tout autrement…

Au lendemain de la chute du mur de Berlin, la Russie fut exclue d'à peu près tous les mécanismes de gouvernance, à l'exception de son siège de membre permanent du Conseil de sécurité. Parallèlement, toutes les anciennes démocraties dites « populaires » furent intégrées à l'OTAN et à l'Union européenne. Pis encore du point de vue de Moscou, certaines anciennes républiques soviétiques, comme les États baltes, furent également cooptées par ces deux ensembles. Et la possible intégration future de l'Ukraine, voire de la Géorgie, n'est pas pour atténuer le sentiment d'isolement, voire d'encerclement, de la Russie, qui a aujourd'hui l'impression de se voir exclue du grand jeu, comme en 1917, alors que désormais elle ne cultive aucune velléité révolutionnaire propre à l'inciter à faire « bande à part ». Tous les mécanismes prévus pour associer Moscou à la gestion des affaires européennes et mondiales – le Partenariat pour la paix, l'Organisation de la sécurité et de la coopération en Europe, le Partenariat Europe-Russie – sont entrés en tétanie. D'où une réaction de plus en plus féroce et déterminée de la Russie, prête à tout pour reconquérir son statut dans l'arène internationale.

On touche là un élément très important des nouvelles relations internationales : on ne concourt plus tellement pour la puissance, dont on sait de moins en moins ce qu'elle est et qu'on ne sait pas opposer à celle des États-Unis, mais on se bat pour acquérir ou recouvrer un statut et être reconnu. Du temps de la bipolarité, le statut était automatique : le leader d'un camp avait par définition le statut de « coprince » du monde et toute puissance nucléaire avait sa place au soleil. Désormais, la course au statut est un combat de tous les jours pour maintenir son rang.

La Russie est un bon exemple de cette course infinie. D'abord, Moscou entend récupérer une présence forte aux frontières car, comme tout empire, la Russie est obsédée par la gestion de ses marges. On le constate en Moldavie avec l'affaire transnistrienne, dans le Caucase avec les efforts pour détacher l'Ossétie du Sud et l'Abkhazie de la Géorgie. On peut signaler aussi la tentative plus discrète – car on touche ici directement au nerf de l'OTAN – de mobiliser les populations russophones des États baltes. Les autorités moscovites déploient ainsi un activisme diplomatique qui sait très vite repérer les « ventres mous » de l'espace postsoviétique, pointer les régions où il est facile de « jouer ». L'Ukraine est paradigmatique de ce point de vue, puisqu'il s'agit d'un pays dont la définition ethno-nationale est sujette à controverses et divisions, sans parler du statut fragile de la Crimée, dont le rattachement à Kiev est récent et discutable. Mais ce n'est pas seulement l'espace postsoviétique qui se prête à ces jeux de reconquête : contrairement aux États-Unis et à l'Europe, la Russie jouxte directement le Moyen-Orient et considère que ses intérêts nationaux y sont directement en cause.

La réaction occidentale à cette réaffirmation de la puissance russe a été probablement maladroite. Au lieu de définir les cadres d'une nouvelle association de la Russie à la gouvernance mondiale, on ne songe qu'à l'exclure : le G8 redevient le G7 en 2014 et l'affaire ukrainienne est gérée par l'Occident de manière peu pertinente. Suite à ces faux pas du partenaire devenu adversaire, la crise syro-irakienne est une véritable aubaine pour Moscou, qui y obtient d'un seul coup et presque miraculeusement la restauration de son statut de puissance en arguant de façon désormais assez convaincante que ce rétablissement n'est pas dirigé contre le camp occidental mais contre Daech, le principal ennemi de celui-ci. Il est trop tôt pour tirer des conclusions de cet épisode, mais on peut toutefois faire deux observations à son propos : la Russie a semble-t-il réussi à restaurer sa puissance et se trouve à égalité avec le camp occidental ; mais cette égalité dans la puissance peut devenir aussi une égalité dans la faiblesse, car il lui faut désormais utiliser cette puissance non plus pour rétablir son statut – ce qui est, somme toute, facile – mais pour gouverner le monde et gérer les conflits, ce qui est une tout autre affaire.

L'autre succès indéniable de la Russie est d'avoir réussi à tisser tout un réseau d'alliances malgré les efforts de l'Occident pour l'isoler. Aujourd'hui, Moscou est peut-être la seule puissance du Nord à avoir de véritables alliés au Moyen-Orient. Elle porte à bout de bras le régime de Bachar al-Asad, que l'Occident a trop rapidement voulu exclure de toute négociation, et elle a su nouer d'excellentes relations avec l'Iran. Plus à l'est, on constate la résurgence d'un classique de l'histoire impériale russe : sa capacité de se tourner vers l'Orient dès que ses affaires vont mal sur son flanc occidental. Ce fut déjà le choix d'Ivan le Terrible et de ses successeurs, qui avaient réagi à la fermeture des portes de l'Europe occidentale, suite aux échecs subis lors de la guerre de Livonie (1558-1583) en regardant vers la Sibérie : la Lena fut atteinte en 1628 et Iakoutsk fut fondé en 1637… Aujourd'hui, l'alliance avec la Chine incarne cette stratégie, une alliance que Pékin peut se permettre d'accepter car elle n'est plus en situation d'infériorité comme l'était Mao Zedong face à Staline et ses successeurs. Tel est le sens de la création et de l'activation de l'Organisation de coopération de Shanghai, instaurée en juin 2001 et qui intègre, sous le patronage de la Russie et de la Chine, les républiques d'Asie centrale et bientôt l'Inde et le Pakistan, tout en comptant, parmi ses observateurs, l'Iran, l'Afghanistan, la Biélorussie et la Mongolie…

Enfin, la Russie se taille progressivement une place de choix dans le monde nouveau des pays dits « émergents » en participant aux côtés de la Chine, du Brésil, de l'Inde et de l'Afrique du Sud à un nouveau regroupement sur lequel nous reviendrons plus loin, les BRICS. Bien entendu, tout comme au Moyen-Orient, où les risques d'enlisement ne sont pas mineurs, ce nouvel activisme diplomatique russe ne va pas sans risques potentiels. En Asie centrale, il existe bien des points de friction possibles entre intérêts russes et chinois. Traditionnellement, la Chine avait toujours été orientée vers l'Est et le Sud. Une certaine prudence à l'égard de la puissance russe l'incitait à éviter toute aventure expansionniste sur ses confins occidentaux. Mais, aujourd'hui, Pékin a compris que l'ouverture vers l'Ouest – la « réouverture de la route de la Soie » – est un atout supplémentaire pour son insertion dans la mondialisation. D'où ce cap sur le Xinjiang, au détriment souvent des Ouïghours, musulmans et turcophones en proie à une répression implacable et réduits, chez eux, au statut de minorité. D'où aussi cette politique d'ouverture à l'égard des républiques d'Asie centrale, que Moscou ne peut plus véritablement parrainer avec la même efficacité qu'autrefois et qui jouent au plus offrant avec leurs deux voisins.

La Russie ne voit certes pas d'un très bon œil le glissement de ces nations vers le rival chinois, mais elle doit bien admettre qu'elle n'a plus les moyens d'exercer sur elles une tutelle exclusive.

Elle s'accommode de cette érosion de son influence, probablement compensée par les avantages de son intégration à un bloc oriental non conflictuel.

Les occasions perdues de l'Union européenne

L'Union européenne aurait pu profiter de la fin de la Guerre froide et de la bipolarité qui l'enfermaient dans la logique atlantiste et limitaient sa marge de manœuvre. Pour la première fois dans l'histoire depuis l'aube des temps modernes, l'Europe n'est plus le champ de bataille du monde. Elle ne connaît plus de tensions militaires internes, comme cela avait été si longtemps le cas, de la guerre de Cent Ans à la Seconde Guerre mondiale ; elle n'est plus en situation de confrontation avec le bloc soviétique. Pourtant, non seulement elle n'a pas su saisir cette bouffée d'oxygène, mais elle a exposé au monde toutes ses faiblesses dès les lendemains de la chute du Mur.

Tout commence par une réunification allemande difficile – même si le dynamisme économique a réussi à faire oublier l'épisode – et par une intégration bâclée des anciennes démocraties populaires, qui a fini par avoir raison d'une diplomatie européenne naissante. Celle-ci avait pourtant su se révéler à la fin du dernier siècle : lors de plusieurs sommets (Venise, Séville, Berlin), l'Europe s'était exprimée très clairement sur le conflit israélo-palestinien et on pouvait espérer qu'elle jouerait un rôle dans sa difficile résolution. Mais, en 2003, loin de parler d'une seule voix face à l'invasion de l'Irak par les États-Unis, elle a été victime du désaccord structurel entre ses anciens et ses nouveaux membres, entre l'alliance franco-allemande et un bloc constitué par les anciennes démocraties populaires – qui s'apprêtaient à rejoindre l'Union – et les pays gravitant autour de la Grande-Bretagne.

Ce délitement d'une diplomatie européenne qui venait tout juste de décoller touche à un point très sensible : l'Europe n'en finit pas de souffrir de son incapacité à se situer dans le monde. Dans un premier temps, l'aventure européenne était en quelque sorte « introvertie » : il s'agissait de mettre fin aux guerres intestines et le reste du monde n'était pris en compte que très accessoirement. Avec la décolonisation, l'Europe a découvert le Sud à travers des accords de coopération (les accords de Lomé en 1975 et Cotonou, 2000) qui maintenaient l'ambiguïté de son statut : puissance *dans* le monde ou puissance toujours vouée à *dominer* le monde ? De même, avec les grands pays émergents, notamment les BRICS, l'Europe n'a jamais su trouver une modalité de coexistence et de coopération fructueuse.

L'autre échec de la construction européenne tient au mode de gestion de ses mutations internes. Au lendemain de la Seconde Guerre mondiale, la dynamique européenne obéissait à l'idée très simple (et très belle) d'éviter le retour de la guerre et de jouer pour cela la carte de l'association. Il ne s'agissait pas d'abandonner les souverainetés étatiques, mais de créer une forme de partenariat suffisamment forte pour rendre impossible tout nouveau conflit.

Depuis, l'Europe a dû faire face au choc de la mondialisation. Là aussi, le réflexe associatif a en partie fonctionné. L'Europe reste en effet le premier acteur du commerce mondial, devant les États-Unis. Mais dès lors qu'il ne s'agissait plus seulement de participer de façon avantageuse à la compétition économique mondiale, mais de faire face aux effets délétères de la mondialisation affectant plus particulièrement les nations d'Europe du Sud et l'Irlande notamment, la mutation nécessaire n'a pas eu lieu et l'Union n'a pas su passer de l'association à la solidarité : l'Europe est restée arc-boutée sur un modèle associatif fondé sur le *stakeholding*, le partage des dividendes. Lorsqu'il s'est agi de cogérer les pertes, à partir de 2007-2008, le « sauve-qui-peut » national ou nationaliste a prévalu. Or, dans une économie très interdépendante, les déboires des nations faibles ou affaiblies comme la Grèce, le Portugal, l'Espagne, l'Italie, demain peut-être la France, risquent fatalement de porter préjudice aux équilibres économiques de l'ensemble de l'Union. Le réflexe de solidarité qui aurait dû conduire notamment l'Allemagne à considérer que renflouer la Grèce faisait sens pour sa propre prospérité à moyen ou long terme n'a pas fonctionné.

Telle est l'impasse européenne, qui a aussi des conséquences dans la sempiternelle question de la course au statut. Aujourd'hui, face aux défis mondiaux comme la crise moyen-orientale, par exemple, on voit se reformer la dyarchie États-Unis-Russie, et l'Europe n'est plus guère consultée que pour la forme, par un réflexe de courtoisie un peu vide et parfois hypocrite.

L'essor contrarié des pays émergents

Face à cette vieille Europe, qu'est-ce que ces « émergents » qui la défient et dont on parle tant ? D'abord des intrus, des nouveaux venus que l'on a vu « émerger », lorsque la bipolarité a commencé à montrer des signes de faiblesse et que la mondialisation a acquis sa vitesse de croisière. À la fin des années 1970, on voit ainsi apparaître quatre « dragons » asiatiques : Hong Kong, Singapour, Taiwan et la Corée du Sud. Plus tard, on parle des « jaguars » sud-américains, essentiellement alors le Brésil et le Mexique, rejoints bien plus tard par l'Argentine lorsqu'elle commence à s'émanciper des crises à répétition qui la frappent. Ce sont vraiment des intrus car leur statut était considéré comme très subalterne pendant la Guerre froide et parce qu'ils n'avaient jamais joué un rôle majeur dans le jeu international. Dès lors, il y a souvent, en arrière-fond de cette émergence, une vieille histoire de frustration et d'humiliation. En témoigne par exemple cet épisode oublié qui conduisit le Brésil à claquer la porte de la Société des Nations dès 1926 parce qu'on lui refusait un siège de membre permanent au sein de son Conseil.

À partir des années 1990, dans l'ambiance d'une bipolarité disparue, les véritables « poids lourds » du monde émergent – Chine et Inde, en particulier – commencent à afficher leurs prétentions à ce nouveau statut et à la reconnaissance qui est censée l'accompagner. C'est, à leur suite, un véritable cortège de sans-grade, jusque-là relégués en « deuxième division », qui revendique avec force le droit de monter en « première division ». D'où un choc culturel énorme pour tout Occidental qui cultive sa mémoire. La Chine renvoie encore l'image d'un ancien empire multimillénaire, humilié notamment par les deux guerres de l'opium, par les concessions et par des camouflets incessants portés, de la Mandchourie aux massacres de Nankin[4], à sa dignité et sa souveraineté. L'Inde, joyau de la Couronne britannique, souffrait d'une terrible condescendance raciale et civilisationnelle de la part de la puissance coloniale : rappelons comment Churchill traitait tranquillement Gandhi de « fakir en guenilles ». Et cela faisait des décennies qu'on ne parlait du Brésil que pour « le football et la samba »

Initialement, ce sont surtout les indicateurs économiques qui ont retenu l'attention des observateurs et suscité l'intérêt parfois envieux des anciennes puissances, mais sans trop perturber leur assurance d'être toujours hégémoniques. Une croissance qui avoisinait parfois les deux chiffres, une insertion de plus en plus dynamique et massive dans les circuits du commerce mondial, la construction d'institutions financières puissantes et efficaces, notamment à travers les banques centrales et les banques de développement de pays comme l'Inde ou le Brésil,

4. En décembre 1937, l'armée impériale japonaise massacre des centaines de milliers de civils chinois tandis que des dizaines de milliers de femmes sont violées.

et une capacité d'investissement jusqu'au cœur même des grands pays du Nord : tout cela ne pouvait laisser indifférent.

Très vite, on se rendit compte qu'il fallait nuancer le tableau. D'abord, parce que, sur le plan économique, l'émergence n'est presque jamais un phénomène d'envergure nationale, mais un phénomène local et parfois même périphérique au sein des pays concernés. La Chine, par exemple, voit décoller l'économie de son littoral océanique, mais l'arrière-pays reste sous bien des aspects une région du tiers monde. L'Inde crée quelques pôles de modernité, comme l'industrie informatique à Bangalore, mais la paysannerie du Gange demeure dans un état misérable. Au Brésil, la bourgeoisie pauliste ou carioca se considère comme européenne, mais le Nordeste reste une région très pauvre et sous-développée. Qui plus est, les économies de ces pays peuvent certes former des coalitions hétéroclites au sein de l'OMC mais restent de nature très différente : le Brésil est avant tout un pays agro-exportateur, tandis que l'Inde, qui a du mal à assurer son autosuffisance alimentaire, est plus orientée vers le développement d'une économie de services. Enfin, l'expansion indéfinie des courbes de croissance des émergents n'est nullement garantie. Ne pointe-t-on pas du doigt aujourd'hui le Brésil, précisément, qui retombe dans la croissance négative, tandis que la Chine s'essouffle et que la relative bonne tenue de l'Inde n'empêche pas son développement d'être menacé par d'énormes déficiences infrastructurelles ? N'oublions pas que, dans les années 1980, on croyait que le dynamisme économique du Japon allait tout balayer sur son passage : une véritable paranoïa régnait à ce sujet aux États-Unis. On sait ce qu'il en est aujourd'hui.

S'il est vrai que la trajectoire à moyen et long terme des économies émergentes est plus difficile à interpréter qu'on ne le croit généralement, on ne peut pas nier que les États concernés sont désormais entrés de plain-pied dans le système international et n'y occupent plus les simples strapontins auxquels on les croyait destinés : paradoxalement, les incertitudes économiques qui grèvent plus ou moins certains d'entre eux sont aujourd'hui équilibrées par une capacité politique qu'on ne peut plus leur nier. Cette innovation s'exprime par une diplomatie de plus en plus active et capable de jouer sur les deux tableaux, puisque les faiblesses mêmes du développement économique des puissances émergentes sont un argument pour témoigner qu'elles ont à la fois un pied dans le Nord et un pied dans le Sud. Elles peuvent ainsi jouer un rôle tribunicien en faveur de leurs homologues moins avancés et face aux puissances du Nord. C'est le rôle que le Brésil aime tenir en direction des pays africains avec lesquels il entretient depuis plusieurs générations des liens démographiques et culturels profonds, même si jadis méprisés ou méconnus. De même existe-t-il des connivences historiques entre l'Inde et l'Afrique du Sud, dont témoigne plus personnellement la trajectoire de Gandhi, avocat et militant des droits civiques basé à Durban pendant deux décennies. Ou encore ces nombreux commerçants indiens installés depuis des générations sur la côte orientale de l'Afrique. Et, dans ses rapports avec les pays africains, la Chine se targue elle-même d'avoir connu au XIXe siècle les mêmes vexations que le continent noir aux mains des puissances coloniales. Autant d'éléments qui donnent naissance à une diplomatie Sud-Sud avec laquelle il faut désormais compter…

Pendant les dix ou quinze dernières années, ces connivences Sud-Sud ont pris un tour peut-être moins flamboyant qu'au temps de Bandung ou de la Tricontinentale[5] mais sans doute plus durable,

---

5. La « Conférence de solidarité avec les peuples d'Asie, d'Afrique et d'Amérique latine » fut préparée notamment par Mehdi Ben Barka, peu de temps avant son assassinat, et se tint à La Havane en janvier 1966, réunissant plus de 80 délégations venues du Sud, afin de proclamer sa solidarité avec les mouvements de libération, son soutien à la « révolution mondiale », son hostilité à l'arme nucléaire et à l'impérialisme.

plus réaliste et plus lourd de conséquences économiques et politiques à moyen et long terme. Le Brésil organise de grands sommets entre le monde arabe et l'Amérique du Sud, alors que l'ancien président brésilien Lula da Silva multipliait les déplacements en Asie occidentale. Les contestataires venus du Moyen-Orient, notamment les victimes de l'oppression israélienne, sont accueillis à bras ouverts à Caracas, à La Paz ou à Quito, tandis que l'ancien président iranien Mahmoud Ahmadinejad évoluait hier encore dans la cordillère des Andes comme chez lui. Ce réseau d'alliances se tisse peu à peu dans le contexte d'un système international complètement désorganisé dont les nouveaux acteurs savent exploiter les vides, les carences et les faiblesses.

Les puissances émergentes, à l'exception notable de la Chine, forgent ainsi des amitiés davantage sous l'effet de leur quête d'un statut politique que sous celui de leur ascension économique. Mieux encore, au nom de ce statut recherché, certains de ces émergents se regroupent, à l'instar de ce que trois d'entre eux firent en créant l'IBAS (Inde, Brésil, Afrique du Sud), qui réunit, depuis le 6 juin 2003, trois pays appartenant à trois continents différents. Il s'agit non seulement d'un instrument de concertation diplomatique permanente, mais d'un organisme qui chapeaute divers programmes de coopération économique, sociale, culturelle ou éducative. L'IBAS fut bientôt relayée, à une échelle plus vaste, par les BRICS, un groupe qui fut curieusement d'abord une catégorie inventée en 2001 par des observateurs extérieurs, les analystes de la banque américaine Goldman Sachs, avant de rassembler dans une même association le Brésil, la Russie, l'Inde et la Chine, plus tard rejoints par l'Afrique du Sud (en 2011). On l'a mentionné plus haut, Vladimir Poutine a vite compris l'intérêt politique d'une telle alliance, qui lui permettait de sortir la Russie de son isolement ; d'où les fameux sommets d'Ekaterinbourg, dont il prit politiquement l'initiative et dont le premier fut convoqué en juin 2009 avant de se succéder à un rythme annuel. On a vu à l'occasion ces pays pourtant si différents adopter des positions communes face aux interventions occidentales ou aux conflits régionaux.

La construction de tels axes Sud-Sud – plus pragmatiques et moins idéologiques que par le passé, mais peut-être plus efficaces et plus prometteurs – est certainement une des caractéristiques les plus frappantes de l'évolution des relations internationales. Il ne faut toutefois pas en exagérer la portée, car ils sont susceptibles de se heurter à des limites internes et externes. Sur le plan interne, les inégalités de puissance et de ressources entre les différents acteurs du

Sud ne peuvent pas manquer d'engendrer frictions et contradictions, voire de susciter des résistances similaires à celles qu'a jadis rencontrées la pénétration coloniale ou néocoloniale. En témoignent les difficultés émergentes auxquelles la Chine peut être confrontée par exemple dans le secteur minier en Afrique ou en Amérique latine, où sa présence et ses pratiques ne se distinguent pas toujours de celles des multinationales occidentales, et où elles heurtent même parfois encore plus violemment les sensibilités sociales et environnementales locales. On a en mémoire, par exemple, les incidents violents qui avaient, en juin 2010, opposé mineurs zambiens et cadres chinois d'une houillère appartenant à une entreprise de la République populaire.

Sur le plan externe, le club des nations occidentales n'a pas l'intention de se laisser déposséder de l'initiative diplomatique par des « parvenus » dont on commente souvent l'amateurisme. En témoigne avec force le sort qui a été fait en mai 2010 à l'initiative commune de la Turquie et du Brésil pour résoudre la question du nucléaire. Le projet d'accord auquel étaient parvenus les deux partenaires ne s'éloignait pas considérablement de ce qui a finalement été trouvé par l'Iran et le groupe des 5+1, en juillet 2015. Cette initiative méritoire a été pourtant promptement boycottée par les puissances traditionnelles : on a clairement signifié à Ankara et Brasilia qu'il n'était pas question pour eux de jouer dans la « cour des grands ».

Autre exemple, le destin du G20. Créé tout d'abord comme une simple réunion des ministres des Finances dans le sillage de la crise asiatique de 1997-1998, il accueille, à la faveur de la crise de 2007, les chefs d'État des grands pays émergents aux côtés des oligarques du G7-G8. Avant novembre 2008, les dirigeants chinois, brésiliens ou indiens n'étaient invités aux grands sommets que « pour le café » et on leur gardait sans doute quelques parts de gâteau pour le dessert. À partir de 2008, ils sont présents en force dans les premières réunions du G20 : nouvel épisode rapidement mal considéré par nombre de diplomates occidentaux, qui arguèrent que de telles rencontres devenaient « ingérables » et « tournaient au hall de gare ». Aussi le G20 fut-il vite marginalisé et étouffé dans ses prérogatives, pour ne plus se réunir maintenant que discrètement et après le G7…

Il y a là l'expression d'un mépris qui vient de loin, et qui risque de coûter très cher à l'Occident, car ces puissances émergentes sont des médiateurs capables de permettre aux Européens et aux Américains de cogérer les foyers conflictuels du monde de manière beaucoup plus efficace. Au-delà du gâchis que constitue un tel ostracisme diplomatique, le danger est de voir cette capacité médiatrice se transformer en capital de défiance. À mesure qu'ils sont rejetés du système international et marginalisés, les États émergents, au lieu de participer efficacement à la gouvernance du monde, viennent à adopter une attitude contestataire, une posture de dénonciation systématique tant des interventions occidentales que de la doctrine de la « responsabilité de protéger », des atteintes portées à la souveraineté ou des organisations multilatérales « confisquées » par un petit club exclusif et excluant.

La Chine entre discrétion et affirmation

Preuve de la nature composite de la catégorie des « émergents », la Chine se distingue de diverses manières. D'abord, elle n'est pas une simple puissance en voie d'émergence : elle prétend à la position de « première ex aequo » avec les États-Unis dans les classements de l'économie mondiale. D'aucuns estiment que son PIB tourne aujourd'hui autour des 15 000 milliards de dollars, si tant est que cette arithmétique fasse sens, tant ici les pièges et les mirages de la statistique sont nombreux. Continuer à parler de la Chine comme d'un pays

« émergent » serait donc considérer qu'une économie qui rivalise avec celle des États-Unis et surpasse celles du Japon, de l'Allemagne, de la France ou de la Grande-Bretagne ne devrait pas être reconnue comme appartenant au club des grands, ce qui serait pour le moins étrange…

L'autre exception est cette fois culturelle : la Chine n'est pas une nation messianique. Sans aucune prétention universaliste, elle a construit une partie significative de sa politique étrangère, du moins depuis qu'elle a les moyens d'être présente dans le jeu international, sur le principe taoïste du « non-agir » : la meilleure façon de se poser face au cours des événements se trouve dans la passivité, la discrétion ou le retrait qui sont beaucoup plus efficaces et fonctionnels qu'un activisme tous azimuts visant à cogérer les affaires du monde. Il suffit d'observer la posture de la Chine face aux grands conflits actuels (Syrie, Irak, Israël-Palestine, Sahel, voire l'Afghanistan voisin) pour constater l'omniprésence de cette posture de retrait, de prudence, voire de silence.

Pour comprendre la politique étrangère de la Chine, il faut avoir bien présente à l'esprit cette extraordinaire combinaison d'une économie pleinement engagée dans la mondialisation et qui obtient des résultats éblouissants et d'une diplomatie qui fonde son efficacité sur la discrétion. C'est ainsi qu'au Conseil de sécurité, Pékin intervient rarement, toujours avec retenue, et sans utiliser son droit de veto, sauf si ses intérêts « impériaux » se trouvent menacés. De même, dans la négociation 5+1 sur le nucléaire iranien, la Chine a toujours été des plus effacée, suivant prudemment la Russie. On peut considérer qu'il existe une division du travail assez efficace entre cet activisme économique agressif et cette diplomatie feutrée, qui tranche avec la vieille arrogance de l'interventionnisme occidental généralisé.

Cette double caractéristique explique probablement que la Chine fasse un usage avancé et très productif de la mondialisation. Elle parvient à s'insérer dans celle-ci grâce à un dynamisme économique que ne complique ni ne freine aucune prétention politique scabreuse. Elle s'y adonne d'autant mieux qu'elle parvient, dès lors que son régime et son intégrité territoriale ne sont pas menacés, à concevoir la compétition politique hors de tout carcan politique, convaincue même que la victoire économique des uns ne suppose pas la défaite des autres : le modèle « *win-win* », sans cesse rabâché, s'oppose ici à la vieille obsession schmittienne du rapport « ami-ennemi » auquel le monde occidental reste attaché.

L'espace régional est le seul à faire clairement exception. La Chine ne peut pas éviter cette règle générale et impersonnelle qui veut que tout État revendiquant un statut de puissance soit contraint, quel qu'en soit le prix, de s'affirmer autour de chez lui comme puissance régionale. Par conséquent, la Chine, si timide, si prudente, si peu réactive face aux grands conflits du monde, adopte au contraire une posture passablement agressive à l'égard de son entourage immédiat. D'où les conflits maritimes et frontaliers qui l'opposent au Japon, à la Corée, aux Philippines, au Vietnam, sans parler de Taiwan. C'est d'ailleurs un problème qui, avec plus ou moins de virulence, affecte toutes les puissances émergentes : le Brésil face aux autres pays d'Amérique du Sud qui l'accusent parfois de « sous-impérialisme », la Turquie face à ses voisins, l'Afrique du Sud face aux autres nations africaines.

Il y a là, pour la puissance chinoise, un facteur d'instabilité potentielle qui vient s'ajouter à d'autres faiblesses présentant de graves risques pour le futur. Que se passera-t-il lorsque, dans ce pays où la protection sociale est pratiquement inexistante, le tiers de la population aura plus de 65 ans ? Quelles conséquences peut avoir la multiplication des conflits sociaux et des grèves, surtout si elle conduit à la formation d'un mouvement ouvrier organisé et contestataire ? Enfin, une économie ouverte peut-elle encore supporter longtemps un système politique aussi fermé, fondé sur le parti unique, la discipline verticale et le secret ?

Reste que ces faiblesses potentielles, qui constituent autant d'inconnues pour l'avenir, ne doivent pas nous détourner d'une réalité fondamentale. Si la Chine est différente, c'est aussi en raison de sa profondeur civilisationnelle et de sa puissante trajectoire historique, une dimension qu'on a tendance à occulter ou à sous-estimer en Occident. Lorsqu'on parle de la Chine dans les journaux télévisés, c'est le plus souvent pour stigmatiser les produits chinois ou mettre en accusation, avec pertinence, la violation des droits de l'homme. Mais il est rare en revanche qu'on nous instruise de l'histoire multimillénaire de la Chine, de sa culture et de ses richesses.

Cette méconnaissance joue dans les deux sens. Du côté chinois, elle nourrit à rebours une certaine fierté mêlée d'incompréhension qui peut très vite se transformer en arrogance ou en susceptibilité aiguisée. Les Occidentaux, de leur côté, peinent à comprendre que la véritable clé de l'avenir n'est pas à rechercher dans l'universalisation du modèle occidental, mais dans la reconnaissance d'autres histoires qui ne viendront jamais totalement fusionner avec la nôtre et brilleront toujours de leurs propres feux.

5.

Les puissances à contresens de l'histoire

Le monde d'aujourd'hui est l'otage d'une décolonisation marquée par ses échecs. L'ancien monde n'a pas su accueillir le nouveau au sein de la communauté des nations dites « civilisées ». On peut certes compter quelques exceptions, même si elles sont grevées de certaines ambiguïtés, à l'instar du Japon et de l'Amérique latine, mais entre 1947, date de l'indépendance et de la partition de l'Inde, et la dernière vague de décolonisation au milieu des années 1970, liée à la chute de la dictature au Portugal, nul n'a su ouvrir convenablement la porte aux nouveaux venus. Nul n'a réussi non plus à leur conférer un statut, autrement dit une place acceptable dans l'espace mondial, autre que celle de clients, voire de mercenaires. La clientélisation a été le réflexe naturel immédiat des puissances occidentales : à la sortie de l'ordre colonial, on a aussitôt reconstruit un ordre postcolonial fondé sur la mise en tutelle des États récemment « émancipés ». Tel fut le propos du Commonwealth britannique, ou de la « Communauté » voulue par le général de Gaulle en 1958, jusqu'à la tristement fameuse « Françafrique ». On a oublié que ces nouveaux États étaient porteurs d'une histoire qui leur était propre, et qu'ils ne pouvaient s'inscrire sans dommage dans le sillon occidental de la construction de l'État-nation.

Aussi se sont-ils enlisés dans une série de dynamiques conflictuelles. D'abord, celles dérivées d'un défaut de construction étatique : l'État né de la décolonisation était superficiellement institutionnalisé, faiblement légitime et fort mal assimilé par les populations qu'il gouvernait et qui n'ont nullement été associées à leur construction. Comme si la philosophie du contrat social, universelle s'il en est, ne s'appliquait qu'à l'Europe ou presque. Privés de soutiens organiques et de bases sociales, ils ont connu ensuite une inévitable dérive autoritaire. Face à un État qui ne pouvait plus être un vrai facteur de rassemblement, les mobilisations ne pouvaient s'accomplir que sur des bases communautaires, de nature ethnique ou religieuse, engendrant une communauté nationale fragmentée dès avant sa naissance officielle et jetant les prémices de toute une série de conflits dont nous héritons aujourd'hui. Dernière grande faiblesse de la décolonisation, les politiques de développement ont échoué, par carence ou par défaut d'orientation : l'incapacité d'assurer un minimum de sécurité humaine aux populations concernées créa une forme de frustration économique et sociale qui devint très vite endémique. Il y avait là tous les ferments d'une conflictualité nouvelle.

États faibles et néocolonialisme

Cette conflictualité nouvelle n'est pas tant liée, comme dans l'histoire européenne, à la compétition entre États, mais au contraire à un défaut d'État, au déficit d'institutions et à la lente décomposition de sociétés. Cette dynamique perverse a pris son essor progressivement. En Afrique, les conflits se sont enchaînés dès l'aube de l'indépendance en 1960, à commencer par l'ancien Congo belge, avec la sécession quasi immédiate de plusieurs de ses provinces et notamment le Katanga. En 1967, c'est toute une région du Nigeria, le Biafra, qui elle aussi, fait sécession, entraînant une sanglante guerre civile. D'autres conflits dévastateurs ont affecté le Soudan, la Somalie, le Liberia, la Sierra Leone, l'Angola, le Mozambique, le Tchad, le Rwanda, le Burundi, la Côte d'Ivoire, le Mali ou la République centrafricaine…

Du côté du Moyen-Orient, les mêmes déficiences qui frappaient à l'origine la formation de l'État furent un temps compensées par une personnalisation extrême de l'exercice du pouvoir, voire par le culte du chef. Les leaders charismatiques connurent pourtant bien vite toutes les difficultés qui découlent de la routinisation de leur charisme : au fur et à mesure que Nasser eut du mal à susciter l'enthousiasme des foules, son régime est devenu de plus en plus autoritaire et répressif. Les dictatures nationalistes se sont succédé en Syrie et en Irak, parfois sous une forme collégiale, avant d'aboutir à une monopolisation croissante du pouvoir par un leader unique, Saddam Hussein à Bagdad ou Hafez al-Asad à Damas. Comme pour couronner cette construction déficiente de l'État, le chef suprême appartenait à une minorité, les alaouites en Syrie, les sunnites en Irak. En ce dernier pays, la situation se compliquait d'une histoire qui marginalisait les chiites, en faisait jadis des Irakiens « de catégorie B », voire de « rattachement iranien », cumulant humiliations et ressentiments… Dans ces conditions, les fondements du contrat social, loin de s'affermir à mesure que l'État se consolidait, ont eu tendance à s'effriter à mesure qu'on s'éloignait du temps de l'indépendance et qu'on s'enfonçait dans les dérives autoritaires du régime. D'autant que ces États ne parvenaient pas à offrir à leurs populations le minimum de sécurité humaine. Le monde arabe se distingue même aux yeux du PNUD comme l'une des régions dont l'indice de développement humain a régressé ; la précarité économique et sociale y est en outre accentuée par la rapidité vertigineuse d'une urbanisation mal maîtrisée créant autant de ferments de tension.

Or non seulement les puissances occidentales n'ont nullement aidé à la construction de l'État et à la construction nationale, en Afrique comme au Moyen-Orient, mais elles ont souvent tiré parti de cette atrophie de l'État, de la nation et des sociétés civiles. De leur point de vue, la clientélisation de ces pays n'en était que plus aisée : rien de plus facile, en effet, que de clientéliser un leader privé de l'assentiment de son peuple et donc de plus en plus porté à l'extraversion, à s'appuyer sur les instruments de pouvoir et les bénéfices que lui concèdent ses parrains au sein du système international. Il y avait quelque chose de rassurant dans la fragmentation des nations en voie de constitution : plus celles-ci étaient faibles et divisées, moins on risquait de voir émerger des mobilisations collectives susceptibles de se retourner contre les puissances occidentales.

C'est bien au nom de ce principe que les anciennes puissances coloniales ont déjoué les projets de panafricanisme portés par les leaders nationalistes africains, tels Julius Nyerere, Kwame Nkrumah ou Barthélemy Boganda. C'est bien la même logique qu'ont appliquée les États-Unis en Irak à partir de 2003, où ils tenaient pour une chance de pouvoir jouer de la division de l'Irak entre chiites, sunnites et Kurdes jusqu'à les opposer les uns aux autres pour mieux les neutraliser. Ce qui mena directement à l'éclatement de l'État-nation irakien et à la constitution du califat islamique de Daech au nord de l'Irak en tant qu'ultime bastion des populations sunnites à leur tour exclues, humiliées et marginalisées.

En Afrique, les anciennes puissances coloniales ont souvent facilité la tâche des dictateurs en fermant complaisamment les yeux devant leurs méfaits, voire en favorisant la personnalisation ou l'impérialisation du pouvoir (à l'instar de la Centrafrique où le gouvernement français finança le sacre de l'empereur Bokassa Ier), parfois les dynamiques de fragmentation, comme la Belgique au Katanga ou la France au Biafra. Au moment de l'indépendance du Congo en juin 1960, l'orientation marxiste et nationaliste de Lumumba était perçue comme une menace par les compagnies minières. Ces forces extérieures ont tenu pour avantageux d'appuyer l'entreprise sécessionniste du Katanga afin de mieux contrôler les richesses du sous-sol et briser les velléités d'autonomie de la nouvelle nation. Au Biafra, le Nigeria anglophone semblait trop grand et potentiellement puissant pour ne pas contrecarrer l'influence française sur le continent noir. Dans un cas comme dans l'autre, ces sécessions ouvrirent une longue période d'instabilité, de guerre et de sous-institutionnalisation…

Une vision instrumentale du Sud

Plus la décolonisation a été douloureuse, plus elle risquait d'aboutir à des indépendances fragiles et promises à l'échec. Le propre d'une guerre de décolonisation est de surmobiliser la population autour de référents idéologiques qui détournent leurs leaders du travail fondamental d'invention d'une nouvelle nation : pour cette raison, la plupart des grands leaders du tiers monde ont été davantage des chefs de guerre que des créateurs d'État. Symptomatique, l'État algérien, issu d'une guerre coloniale atroce, n'a jamais pu se stabiliser en gouvernant légitime. La guerre civile des années 1990 a été la réplique presque mécanique de la tragédie de la guerre d'indépendance. De même, le caractère dramatique de la décolonisation du Congo a trouvé son écho dans une guerre civile qui a commencé le jour de l'indépendance et qui n'a jamais réellement cessé depuis, malgré quelques courts répits...

Pour véritablement accompagner les indépendances sans retomber dans le néocolonialisme et la clientélisation, il aurait fallu admettre que l'importation mécanique du modèle d'État occidental ne pouvait pas se substituer à l'invention d'un État nouveau. Pour que des institutions politiques soient légitimes et fonctionnelles, elles doivent correspondre autant que possible aux trajectoires historiques locales, et leur invention doit associer le plus étroitement possible la population. Or, ont été projetés dans des univers africains et moyen-orientaux des modèles totalement exogènes, qui ne correspondaient en rien à la mémoire politique ou sociale des pays concernés et souvent, même, heurtaient de plein fouet leurs fondements culturels. La promotion de l'« État importé[1] » se faisait au nom d'un universalisme qui exaltait un peu trop vite le modèle occidental d'État comme la formule la plus accomplie de l'histoire de l'humanité. Les « relations privilégiées » qui se construisaient avec l'ancienne métropole ont eu une influence plutôt

1. B. Badie, *L'État importé*, Fayard, Paris, 1992.

néfaste sur l'insertion des nouveaux États dans le système international, accréditant l'idée courante aujourd'hui d'une « responsabilité particulière » de l'ancienne puissance. L'idée a souvent été mise en avant par le gouvernement français à l'appui de son intervention en Côte d'Ivoire (2010-2011), au Mali (2013) ou en République centrafricaine (2014). Cette manière de pérenniser l'exceptionnalité des liens revient à préserver la trame néocoloniale et contribue à atrophier le développement politique de ces sociétés.

Il est vrai que cette trame a été quelque peu distendue par la diversification de l'offre de protection et de coopération. D'abord à l'initiative de l'Union soviétique et du camp socialiste qui, bénéficiant des errements des puissances occidentales, ont pu un temps attirer dans leur orbite des pays comme l'Algérie, la Guinée, l'Angola, ou le Mozambique. La seconde vague de « diversification de l'offre » est celle des pays émergents. L'ascendant que le Brésil, la Chine, voire l'Inde ou même désormais la Turquie arrivent à exercer en Afrique est perçu par les anciennes puissances coloniales comme un défi qui menace la perpétuation de leur emprise. Ainsi, la France s'interroge aujourd'hui sur la meilleure façon de modifier sa politique de coopération pour résister aux empiétements massifs de la Chine et « récupérer des parts de marché ». Les politiques de tutelle néocoloniale ont pourtant la vie dure et, plus de cinquante ans après les indépendances, elles ne cessent de trouver des moyens de se reproduire.

Au-delà même de cette persistance de la trame néocoloniale, les puissances occidentales gardent une vision très instrumentale du Sud. Le monde arabe, par exemple, est d'abord conçu dans sa fonction de pourvoyeur de pétrole, de contrôleur de migrations et, parfois, de fournisseur discret de sécurité à l'État d'Israël. D'une manière plus générale, le regard porté sur le Sud évite les grandes questions fondamentales : lorsque, dans un pays comme le Niger, 70 % de la population a moins de trente-cinq ans, la logique devrait conduire à s'interroger sur les perspectives d'une société où il y a une telle masse de jeunes et si peu d'emplois. Ces décalages démographiques terribles qui caractérisent tant d'autres pays africains font que le jeune Nigérien (et tant d'autres) n'a guère d'autres choix aujourd'hui que la migration, avec tous les périls et les humiliations qu'elle suppose, ou la Kalachnikov des enfants-soldats, qui eux au moins sont nourris, logés, vêtus, et forts d'un sentiment d'importance aussi absurde que mortifère. À force d'ignorer ce continent en mutation et souffrant d'un énorme déficit de sécurité humaine, les puissances d'antan sont en train d'encourager les germes de futures dérives conflictuelles lourdes de conséquences ; elles font en réalité l'impasse sur leurs propres intérêts, tant elles risquent, à terme, d'être rattrapées par cette violence sous-jacente. Non seulement le développement social de l'Afrique est absolument nécessaire pour que ces États puissent vivre pacifiquement et harmonieusement, mais il dépend aussi d'une redistribution au niveau mondial et d'un rééquilibrage sans lequel les pays du Nord eux-mêmes seront victimes de cette insécurité perpétuelle.

Le volcan moyen-oriental

La relation entre les puissances occidentales et le Moyen-Orient mérite pour sa part qu'on s'y attarde quelque peu, tant la région souffre de pathologies au départ comparables à celles qui frappent l'Afrique, alourdies de circonstances aggravantes. On peut, ici aussi, parler de « décolonisation ratée », même si la plupart des pays du Moyen-Orient n'avaient pas le statut officiel de colonie. Pour autant, derrière l'euphémisme du régime dit de « mandat », les peuples de la région ont été victimes d'un système de tutelle tout aussi pesant et peu propice à la construction de communautés politiques viables. La virulence des maux propres au Moyen-Orient s'explique en outre par une série de facteurs *sui generis* qui n'étaient pas présents ailleurs dans le monde.

En premier lieu, au moment même où l'emprise coloniale se desserrait dans nombre de pays de la région ou d'ailleurs, elle était paradoxalement ravivée ici à travers le conflit israélo-palestinien. La création d'Israël, actée par les Nations unies, s'est faite sans aucune consultation des populations arabes concernées et, *de facto*, dans l'ignorance du droit des populations palestiniennes dépossédées, ce qui allait à rebours des idées nouvelles qui éclairaient le multilatéralisme naissant. La résolution 194 de l'Assemblée générale des Nations unies (faisant fonction alors d'instance décisionnaire) prévoyait un droit au retour des réfugiés palestiniens ou du moins un droit à compensation : elle ne fut jamais appliquée… Pire encore, cette création controversée a engendré une série de conflits armés à la faveur desquels Israël a engrangé des conquêtes territoriales, donnant naissance à de nouvelles occupations et à de nouvelles colonisations, les unes et les autres répressives et humiliantes. Alors même que la carte de l'Afrique se libérait progressivement des traces institutionnelles du colonialisme, le Moyen-Orient continuait ainsi à vivre dans sa chair une problématique coloniale qui était d'autant plus douloureuse que le temps était à son extinction. Même si elle était le produit d'une histoire plus complexe que l'expansionnisme européen classique, elle s'inscrivait comme une blessure qui, soixante-dix ans plus tard, n'est toujours pas guérie.

Le deuxième facteur aggravant est bien entendu lié au pétrole. Les deux tiers des réserves mondiales sont situés au Moyen-Orient : même si la situation a évolué dans les dernières années, notamment grâce au pétrole de schiste et au rééquilibrage du marché mondial, il reste que le sous-sol de la région contient le brut le moins cher à exploiter et le plus utile aux économies occidentales. Toutes les options stratégiques des puissances occidentales – mais aussi de la Chine – sont donc surdéterminées par ce facteur qui enfonce un peu plus la région dans la logique d'instrumentalisation décrite plus haut.

Troisième source d'exacerbation, la malformation originelle des systèmes politiques : cette malédiction n'a pas seulement engendré au Moyen-Orient des dictatures fondées sur une conception patrimoniale du pouvoir, elle a aussi ouvert la voie au surdéveloppement et à la pérennité d'institutions de contrôle ultra-répressives, les fameux *moukhabarat*, services de renseignement hypertrophiés, vrai pouvoir gouvernemental à eux seuls. Ces régimes armés jusqu'aux dents contre leurs propres citoyens se sont en outre longtemps polarisés en plusieurs camps, alimentant un jeu de concurrence et d'hostilité virulent, tout en étant censés communier dans un certain nombre de valeurs panarabes et antisionistes, d'abord, panislamiques ensuite. On avait donc, d'un côté, le camp dit « progressiste », proche de l'Union soviétique et porteur d'une vulgate socialiste et nationaliste et d'un discours antioccidental hyperbolique. Encore ce premier ensemble était-il violemment divisé entre nassériens et baasistes, ces derniers étant à leur tour opposés selon qu'ils relevaient du commandement irakien ou du commandement syrien… De l'autre, le camp des monarchies traditionnelles qui n'étaient pas elles non plus sans ambiguïtés puisqu'elles associaient une « occidentalophilie » marquée à un usage massif des référents religieux qui allaient nourrir les mouvements islamistes radicaux haïssant ce même Occident. On sait à quel point aujourd'hui s'est exacerbée cette ambiguïté dans des pays comme l'Arabie saoudite ou le Qatar, mettant à nu l'incohérence et le caractère dysfonctionnel des stratégies d'alliance et de clientélisation des puissances occidentales dans la région.

Le quatrième facteur enfin qui nourrit la tension *sui generis* propre aux conflits moyen-orientaux tient à la mobilisation politique du référent islamique, non plus seulement destiné à servir l'exercice du pouvoir, comme c'est le cas en Jordanie, en Arabie saoudite ou dans les monarchies du Golfe, mais aussi à porter une contestation généralisée de tous les pouvoirs établis. Ce phénomène, qui était en gestation depuis la création des Frères musulmans en Égypte en 1928, revêt désormais au Moyen-Orient une dimension centrale qui s'explique par la faillite et la faible légitimité des régimes en place, tant progressistes (délégitimés par leur excès d'autoritarisme) que conservateurs (conspués également pour leur patrimonialisme dynastique et leur double nature, musulmane rigoriste et impeccablement pro-occidentale). La contestation islamiste a une particularité qui la distingue nettement dans l'espace des relations internationales : elle est comme à double détente. Elle vise en effet simultanément, mais avec une insistance variable selon les phases et les mouvements, les régimes locaux définis comme tyranniques et corrompus et un Occident perçu à la fois comme impie, arrogant et responsable des malheurs de la région, qu'il s'agisse de la captation des richesses, du soutien aux pouvoirs autoritaires ou à Israël, dont on a vu qu'il fixait les humiliations historiquement accumulées par le monde arabe et même le monde musulman en son entier.

Malheureusement, le comportement des puissances occidentales dans la région, tout au long du XXe siècle, n'a pas aidé à démentir cette image désastreuse. Il a engendré un ensemble de ressentiments particulièrement explosifs que surent d'abord porter toute une série d'organisations contestataires, d'abord dans le cadre de combats nationalistes, comme l'Organisation de libération de la Palestine (OLP) à ses débuts, le Hamas palestinien, créé en 1987, ou le Hezbollah libanais en place dès 1982. La surenchère fut ensuite activée par de véritables « entrepreneurs de violence », déterritorialisés et transnationalisés, comme Al-Qaïda ou même Daech qui, au-delà d'un territoire administré, s'implante de façon tentaculaire dans de nombreux pays de la région et au-delà, annonçant une mutation redoutable de l'expression contestataire...

Proximité et profondeur civilisationnelle

Il est enfin une double dimension qui surdétermine tous ces facteurs et qui explique que non seulement le monde musulman, mais plus particulièrement le Moyen-Orient accueille plus douloureusement les effets de l'humiliation. Il y a d'abord un effet de proximité : l'une des principales caractéristiques du Moyen-Orient est de se situer aux frontières de l'Europe et du monde occidental. Ce n'est pas le cas de la Chine, par exemple, qui a aussi connu son lot de vexations coloniales tout aussi blessantes, mais qui continue à se penser comme l'« empire du Milieu », relativement protégé par une tout autre configuration géographique. Il est toujours plus cuisant de se faire humilier par son voisin immédiat que par l'autre lointain. Malgré les mortifications du passé, la Chine n'a pas connu la même accumulation de frustrations et d'échecs, puisqu'elle a somme toute réussi sa construction étatique (dans la période maoïste), sa construction nationale (dans la période républicaine, avec puis contre le Japon et l'Occident ; dans la période post-maoïste, sous la pression néo-confucianiste) et sa construction sociale (décollage et développement économiques), même si ce fut au prix d'une violence aiguë, de droits de l'homme bafoués et de minorités nationales malmenées, voire plus. Lorsque l'humiliation ne rencontre plus l'échec politique et la décomposition sociale, elle est plus facile à oublier.

Au Moyen-Orient, en revanche, non seulement l'humiliation est aiguisée par les quatre facteurs mentionnés, mais elle atteint un paroxysme, à la fois sous l'effet de cette proximité aussi offensante que tentatrice, et d'une réalité qui relève d'une mémoire que les Occidentaux tendent parfois à oublier : le souvenir de la grandeur passée du monde musulman et la rémanence de ses prétentions messianiques et universalistes. Le Moyen-Orient se vit aussi comme le site millénaire des trois califats : celui de Damas, qui correspond à la période omeyyade, celui de Bagdad avec les Abbassides et celui du Caire pendant la période fatimide. C'est aussi l'espace des lieux saints avec l'Arabie saoudite, sans parler de ceux de la tradition chiite, en particulier Najaf et Kerbala en Irak, et les marques de son eschatologie, avec l'idée du retour de l'imam caché. Il y a là un mélange de nostalgie impériale et de densité messianique qu'on ne trouve sans doute nulle part ailleurs dans le monde. D'où l'écho particulièrement fort du thème du « choc des civilisations » chez les islamistes radicaux, dont on sait que Samuel Huntington est un des auteurs favoris, même s'ils l'interprètent différemment de ses adeptes occidentaux...

Nouveaux conflits et « guerres à étages »

Politique imparfaite et inachevée, atrophie de la société civile, déficit institutionnel et faible légitimité des pouvoirs existants, défaillance de la construction nationale et absence de véritable contrat social, pathologies liées aux carences du développement humain et social, sentiment d'humiliation collective... Mis bout à bout, tous ces éléments donnent forme à un nouveau type de conflictualité qui a pris le Vieux Monde par surprise. Alors que l'Occident est encore empêtré dans une conception du conflit qui remonte à la guerre de la ligue d'Augsbourg ou à la guerre de la Succession d'Espagne, il se trouve bousculé par l'onde de choc de ces antagonismes nouveaux qu'il ne comprend pas et qu'il ne sait pas analyser. Bien pire, alors qu'ils émergent sur des champs de bataille très éloignés de ses frontières et sous l'effet de causes immédiates endogènes, ces conflits se sont de surcroît installés avec une vitesse fulgurante au cœur des territoires du monde occidental et ont contaminé ses propres espaces sociaux.

Il n'est pas inutile de le répéter avec force : ces nouveaux conflits ne sont plus l'expression de la puissance, ils en sont le revers exact. Pour la première fois, la guerre n'est plus le résultat d'une compétition de puissances mais procède tout entière de la faiblesse, de la décomposition et de la malformation. Ils ne sont pas à l'image des guerres interétatiques : les États qui y sont impliqués sont très faibles, voire inexistants, ou en pleine *décomposition*, à l'instar de l'État syrien aujourd'hui, de l'État irakien hier, de l'État afghan avant-hier, de l'État somalien à la fin des années 1980, de l'État congolais, de l'État libérien, de l'État centrafricain, voire de l'État malien, otage des divisions entre un Nord et un Sud qui ne communiquaient plus et qui ne communiquent toujours pas…

Dans la mesure où tous ces conflits ne sont plus des affaires d'État mais essentiellement des affaires de société, ils présentent souvent un caractère « feuilleté » ou stratifié et obéissent à des rationalités superposées. Il s'agit en quelque sorte de « guerres à étages » faites de rivalités intestines entre groupes qui appartiennent au même État-nation inachevé ou failli et que le délitement du contrat social entraîne dans une concurrence martiale : sunnites, chiites et Kurdes en Irak, par exemple, ou Sierra-Léonais métis du littoral et populations autochtones de l'intérieur des terres, qui vivent sur un sous-sol extrêmement riche dont elles ne bénéficient pas. On observe aussi des conflits dans lesquels les belligérants s'adressent en même temps à leurs adversaires immédiats sur le terrain, aux puissances régionales environnantes et à l'Occident tout entier, comme en Syrie, en Irak ou au Mali. Il y a une continuité et un enchevêtrement complexes entre des causes immédiates qui renvoient à des considérations locales et des causes profondes qui se rapportent à la dynamique de la mondialisation. Il est clair qu'on ne peut pas gérer cette conflictualité en faisant usage du « manuel clausewitzien » classique et en occultant les différences fondamentales qui opposent ce qui se passe au Mali et ce qui se passait du côté de la Marne ou de Verdun au début de la Première Guerre mondiale.

Une des sources majeures de débordement et de contamination de ces nouveaux conflits tient bien entendu à la dynamique de la mondialisation, et notamment à la mobilité fulgurante des personnes, des images et des idées. Aujourd'hui, un conflit ne peut pas se développer en un lieu sans être connu de tous : que les récepteurs aient des affinités et des solidarités avec ceux qui se battent ailleurs suffit à favoriser un puissant élargissement du champ conflictuel, comme en témoigne, par exemple, l'extension à l'Europe du phénomène djihadiste, transitant par des imaginaires aussi actifs que mondialisés. On sait que les solidarités nationales ou culturelles n'expliquent pas tout, puisqu'une fraction de plus en plus importante des djihadistes originaires de l'Hexagone sont des Français « de souche » convertis à un islam radical bricolé à partir de sources et d'influences hétéroclites, le plus souvent par le biais des réseaux sociaux et de relations d'affinité entre pairs. L'imaginaire djihadiste vient ainsi se complexifier, jouer comme un effet d'attraction sur des individus qui se tiennent pour marginalisés, exclus ou rejetés de la société.

La subjectivité sociale de chacun se substitue alors à l'impeccable allégeance citoyenne d'hier. Reste aussi que la stigmatisation persistante des populations d'origine maghrébine – que ces convertis généralement d'origine modeste côtoient d'ailleurs souvent au quotidien – devient une chambre d'écho des passions turbulentes qui se déploient de l'autre côté de la Méditerranée. Même si heureusement peu nombreux sont les individus fragilisés susceptibles de passer à l'acte pour les propager par la violence sur le sol européen.

Impuissance de la puissance et puissance des faibles

Si les puissances occidentales continuent à assumer leur volonté d'hégémonie ou simplement à défendre leur périmètre de sécurité à contresens de l'histoire, elles ne maîtrisent pas pour autant ce nouvel univers conflictuel où la puissance devient impuissante tandis que la faiblesse suscite des effets de puissance, jusqu'à déstabiliser l'agenda des plus forts. Aucune des guerres nouvelles menées par une puissance du Nord n'a débouché sur une victoire probante. Dans ces conflits, le plus puissant ne parvient pas à gagner, à imposer ses règles et ses objectifs. Il suffit pour s'en convaincre d'énumérer les cas un par un en se déplaçant d'est en ouest : Afghanistan, Irak, Syrie, Somalie, Libye, Centrafrique, Mali… Jamais les forces infiniment supérieures des pays occidentaux intervenants n'ont pu véritablement venir à bout de ces conflits.

Il y a là une leçon à méditer : le canon peut détruire le canon, mais il n'a pas de prise sur les sociétés, ni encore moins sur ses lambeaux. La diplomatie de la canonnière faisait encore sens au XIXe siècle, face à des bandes rebelles qui n'étaient capables d'effectuer que des raids éphémères. Mais les « bandes » d'aujourd'hui sont bien mieux organisées et s'appuient sur le savoir-faire d'entrepreneurs de violence qui disposent d'un véritable soutien social et de réseaux transnationaux solides. En s'attaquant à ces entrepreneurs, on risque de toucher et d'activer les nerfs de ce soutien social, lui-même complexe, fait en même temps de misère, de frustrations, d'humiliations, mais aussi d'identifications bricolées et de simples effets de proximité. Les talibans, Al-Qaïda ou Daech ont su en profiter. Nul ne saurait oublier la leçon de Max Weber : un entrepreneur vit de sa finalité et ceux-ci vivent de la violence qu'ils promeuvent…

Cette mise en échec de la puissance est une rupture forte dans l'histoire des relations internationales.

Reste à savoir si cette relative impuissance de la puissance a pour corollaire une capacité accrue des plus faibles. Il convient d'être prudent : contrairement à nombre de guérillas nationalistes et anticoloniales classiques, rares sont les modèles de rébellion qui parviennent à instaurer un ordre durable ou une gouvernance alternative. Mais est-ce là vraiment le but de ces nouveaux entrepreneurs de violence ? Leur objectif est-il vraiment d'aboutir à la formation d'un État ou d'un proto-État ? On a dit – peut-être trop vite – que Daech se comportait comme un État. Ce n'est pas tout à fait vrai : même si Daech mobilise, au contraire d'Al-Qaïda, nombre d'attributs étatiques, son but affiché reste le « califat », qui se définit par référence à la communauté des croyants tout entière et au-delà, mais certainement pas la construction d'un État territorialisé enfermé dans des frontières qui seraient la marque indélébile de sa souveraineté. Il faut s'habituer à concevoir des finalités politiques nouvelles, plus complexes, plus fluides, davantage portées sur la mobilisation transnationale que sur le paradigme territorial et national. Il faut s'accoutumer à ces formes de conflit aux spatialisations multiples et délocalisées par rapport à un territoire de confrontation qu'on aurait trop vite circonscrit.

En revanche, il est un aspect sous lequel la puissance des faibles s'exprime de façon plus classique dans le domaine des relations internationales : il tient à la capacité croissante de ces « entrepreneurs de violence » de maîtriser l'agenda international. La vraie puissance du faible est d'être capable d'obliger les plus forts à demeurer réactifs, tandis qu'il s'impose comme le seul sujet vraiment proactif. Il suffit de se demander qui a décidé de l'agenda international depuis une quinzaine d'années : Oussama Ben Laden, au cours de la première décennie du nouveau siècle et Abou Bakr al-Baghdadi, avec la seconde, ont probablement plus bouleversé la donne que ne l'ont fait les États du monde. En lançant l'attaque contre les Twin Towers, Ben Laden a pratiquement forgé dix ans d'histoire : presque tout ce qui s'est passé alors ramenait au choix stratégique d'un individu barbu et vieillissant. C'est vrai d'un point de vue strictement politico-diplomatique, mais probablement aussi dans le domaine économique.

Il est trop tôt pour savoir quels seront les effets de la stratégie d'al-Baghdadi, mais Daech paraît tout à fait en mesure de définir une bonne partie de ce que sera l'agenda diplomatique occidental dans les prochaines années. En moins d'une semaine, il a déjà permis d'assurer la réconciliation de l'Occident avec Poutine, tandis qu'il a, dans les mois antérieurs, indirectement contribué à régler la question iranienne…

6.

La France, des ambitions contrariées aux défis de l'altérité

La France a été une grande puissance, mais cette affirmation s'explique par une histoire qu'il faut saisir dans sa complexité. D'abord, la France a été une puissance à une époque où cette notion avait encore tout son sens. Il y a une certaine synchronie entre le rôle central joué par ce pays depuis la fin du Moyen Âge et l'essor de la notion de puissance comme principe organisateur du système international. Il n'y a rien donc d'étonnant à ce que l'idée de puissance, dans le domaine des relations internationales, reste associée de manière emblématique à des noms comme ceux de Louis XIV ou de Napoléon.

On constate, en revanche, dès la fin de la Première Guerre mondiale une rupture dans l'histoire internationale de la France et de la place qu'elle occupe dans le concert des nations. Jusque-là, elle était comme imperméable aux effets de la défaite. Elle avait pourtant perdu plusieurs guerres à l'époque moderne, et l'épopée napoléonienne s'était achevée en déroute majeure à Waterloo, un nom resté proverbial. Pourtant, même l'effondrement du Ier Empire n'avait eu aucune conséquence irrémédiable sur le rôle de la France tout au long du XIXe siècle. Certes, l'issue des guerres napoléoniennes avait surtout profité à la Grande-Bretagne, mais cette dernière tirait d'abord sa puissance de la maîtrise des mers et du commerce européen et mondial ; elle avait su convertir une politique au départ plutôt protectionniste en un libre-échangisme dont elle a tiré les bénéfices au moins jusqu'en 1914. Si l'hégémonie britannique n'a jamais été totale au XIXe siècle, c'est entre autres parce que sa voisine d'outre-Manche avait effectivement conservé une bonne partie de sa puissance.

De la puissance à la « grandeur »

Dès le lendemain de la Première Guerre mondiale, les choses ont commencé à changer : bien sûr parce que la France en était sortie épuisée, mais aussi parce qu'elle a eu progressivement à subir les tout premiers chocs d'un processus de mondialisation qu'elle n'a jamais su vraiment maîtriser et qui coïncident avec les premières déstabilisations de son empire colonial. La France, trop marquée d'universalisme et de messianisme républicain, n'a pas su faire avec les exigences d'altérité émergeant de l'autre partie du monde.

Mais le coup le plus grave a été bien entendu porté par la Seconde Guerre mondiale. Le général de Gaulle en a eu la prescience : il a très vite compris que la France de la défaite n'était plus une puissance de premier rang, et il devinait aussi que cette rupture avait lieu à un moment où la notion même de puissance avait changé de sens. Percevant ces mutations, de Gaulle a essayé de convertir cette puissance devenue trop faible en une « grandeur » qui s'exprimerait davantage sur le plan qualitatif que quantitatif. La politique étrangère qu'il a inaugurée avec la Ve République est tout à fait significative de cette volonté nouvelle. Ses symboles majeurs sont le renforcement ostentatoire de la souveraineté nationale, le choix d'afficher une politique extérieure indépendante, notamment en matière de sécurité et de défense, et la prise de distance par rapport aux deux blocs, en particulier vis-à-vis du grand frère américain.

Cette nouvelle orientation se manifeste aussi à travers la réorientation d'une politique étrangère désormais en quête de nouvelles ressources de prestige et d'influence. Le positionnement international de la Ve République repose ainsi, dès 1959, sur une triple stratégie : récupérer en partie son statut en construisant une politique d'influence et de coopération avec le Sud, viser le *leadership* diplomatique de l'Europe en construction, valoriser son droit propre dans le multilatéralisme. Il est remarquable de constater que le général de Gaulle a été le premier à comprendre que l'avenir des relations internationales ne se trouvait plus dans le relatif immobilisme des relations Est-Ouest mais dans les incertitudes riches et fluctuantes des rapports Nord-Sud. Sa vision de la petite Europe qui se construisait était bien celle aussi d'un multiplicateur de grandeur : seule la France pouvait se porter candidate à l'élaboration d'un politique étrangère globale de l'Europe des Six ; ni l'Allemagne ni l'Italie, défaites dans un conflit qui venait de s'achever, ne pouvaient y prétendre. Le plan Fouchet (novembre 1961-janvier 1962) est là pour témoigner des espoirs gaullistes en une construction politique mesurée du nouvel ensemble européen. Le troisième axe devait s'inscrire dans le cadre du multilatéralisme diplomatique : il a eu plus de mal à s'imposer du fait du dossier colonial qui bloquait l'action de la France à l'ONU au début de la Ve République. Plus tard, la vision montera en puissance : la France avait perdu la taille critique pour agir seule, mais elle était suffisamment ambitieuse pour participer au peloton de ceux qui entendaient peser ensemble. L'idée s'est révélée tenace.

Reprenons brièvement ces trois orientations. La question des rapports avec le Sud exprimait une certaine intuition gaullienne qui misait à terme sur l'effondrement de la bipolarité. Elle impliquait une série d'orientations nouvelles. D'abord, la nécessité de hâter la décolonisation en mettant fin à la guerre d'Algérie et en accompagnant l'indépendance des colonies africaines regroupées dans un ensemble nouveau, la « Communauté », qui devait permettre, après les indépendances, de préserver la « grandeur française » en tant que puissance non plus coloniale mais du moins tutélaire du monde francophone. Trois autres initiatives ont suivi. D'abord, la réconciliation avec un monde arabe dont la France était séparée, notamment depuis l'aventure de Suez (1956) et la guerre d'Algérie : elle fut portée par une évolution sensible de la politique française à l'égard du conflit israélo-arabe, concrétisée en particulier par les positions très critiques à l'égard d'Israël prises par de Gaulle au moment de la guerre des Six Jours en 1967. Il y eut, dans la foulée, toute une série de visites officielles, de contacts, de rapprochements avec les dirigeants de la région. On sait aujourd'hui que de Gaulle prévoyait de rencontrer Nasser, hier ennemi juré de la France, mais dont l'équation personnelle et certaines orientations politiques et idéologiques ne pouvaient pas laisser insensible le chef de l'État français : nationalisme, antiaméricanisme, projection d'un *leadership* charismatique tant à l'intérieur de son pays que dans l'arène diplomatique internationale…

Deuxième initiative remarquable, Paris reconnaît la Chine populaire en 1964 et rompt avec Taiwan. Il y a là un nouveau signe de démarcation par rapport aux États-Unis, mais surtout une ouverture vers l'Asie et vers un pays dont le général de Gaulle pressentait qu'il était appelé à jouer un rôle important sur la scène mondiale. Enfin, du 21 septembre au 16 octobre 1964, le président de la Ve République effectue un périple de trois semaines qui l'emmène successivement dans dix pays d'Amérique du Sud : c'est à la fois un défi indirect aux États-Unis et une reconnaissance des acteurs de ce nouveau Sud qu'il croit appelés à tenir un rang avec lequel il faudra compter. De Gaulle anticipait ainsi l'émergence des plus importants de ces pays, notamment le Brésil, l'Argentine et le Mexique, ce dernier ayant été particulièrement mis en valeur par le chef d'État français lors d'un autre voyage, six mois plus tôt, où il avait proclamé en espagnol : « *Marchamos la mano en la mano* » (« Nous marchons main dans la main »). La France était ainsi le premier pays occidental à avoir une politique résolument « sudiste ». L'inspiration était forte : après les premières hésitations, l'altérité semblait comprise.

En quête du *leadership* européen

La question européenne était bien entendu d'une tout autre nature. Sur le plan culturel, de Gaulle était un nationaliste peu porté à s'intéresser aux phénomènes d'intégration supranationale. Son européisme était donc essentiellement pragmatique. Contrairement à l'option de Clemenceau qui prônait dangereusement, en 1919, une coupure absolue avec une Allemagne qu'il fallait punir sévèrement, de Gaulle savait que la réconciliation franco-allemande était doublement nécessaire : sur le plan de la paix et sur celui de la reconstruction économique de l'Europe qui ne pourrait se faire, dans son esprit, sans le charbon allemand.

Cette « petite Europe » pouvait servir de base à un *leadership* français sous réserve de deux conditions. D'une part, il fallait éviter d'aller trop loin dans la concession de souveraineté, d'où l'hostilité du Général à la Communauté européenne de défense proposée en 1950 par René Pleven, soumise à signature deux ans plus tard, soutenue par les États-Unis, mais repoussée par le Parlement français le 30 août 1954, à l'initiative notamment des gaullistes et des communistes. En construisant l'Europe comme un « *pool* de souverainetés » demeurées largement intactes[1], la France pouvait espérer jouir d'un avantage substantiel sur les cinq autres partenaires et peser de façon décisive sur la plupart des dossiers, pour peu que la pression atlantique vînt à diminuer. Mais, pour parvenir à cette fin, il était également important que la Grande-Bretagne n'entrât pas trop vite dans l'Europe, tant son intégration risquait de brouiller et d'affaiblir le *leadership* français. Le calcul du général de Gaulle faisait sens : on peut effectivement considérer qu'en matière de politique étrangère la France a pu progressivement imposer son *leadership* sur l'Europe, à mesure que la détente s'affirmait, et ce pratiquement jusqu'à l'élargissement de 2004.

Restait la question du multilatéralisme. La France réussit difficilement à obtenir en 1945 un siège de membre permanent au Conseil de sécurité, où elle pouvait exercer un droit de veto. Cette position

1. A. Milward, *The European Rescue of the Nation-States*, Routledge, Londres, 1992.

privilégiée au sein des organismes multilatéraux pouvait, elle aussi, servir de base à l'affirmation d'une politique étrangère autonome et soucieuse de grandeur. Mais de Gaulle n'a jamais vraiment bien accepté ni assimilé les logiques de fonctionnement de ce qu'il appelait avec condescendance le « machin ». Il était en outre fort irrité par les prises de position agressives de l'Assemblée générale des Nations unies sur la question coloniale – qui visaient entre autres l'Empire français –, et il comprenait très bien que, dans le climat de la Guerre froide, cet organisme était dominé, et en tout cas contraint, par la dyarchie américano-soviétique. En revanche, on sait aujourd'hui que, vers la fin de sa seconde présidence, il était parvenu à une position plus nuancée : d'aucuns prétendent même qu'il avait songé aller, pour la première fois, prononcer un grand discours devant l'Assemblée générale des Nations unies en septembre 1969.

Vers un gaullisme sans de Gaulle

En résumé, la politique étrangère de la Ve République affichait clairement trois postulats fondamentaux. En premier lieu, la France était désormais trop faible pour faire cavalier seul dans le jeu international, mais trop forte pour s'effacer et occuper une position subalterne : dilemme banal de toute puissance moyenne… Les trois cartes, multilatérale, européenne et « sudiste », visaient donc à lui assurer le statut et le rayonnement auxquels ses dirigeants aspiraient. En second lieu, ces formes d'association n'avaient de sens, dans l'esprit du général de Gaulle, que si elles étaient accompagnées d'une solide politique d'indépendance et de souveraineté, fût-elle essentiellement déclaratoire. La rapidité avec laquelle le Général a doté la France de l'arme nucléaire en est l'expression la plus claire. L'initiative incarnait d'autant plus cette volonté d'indépendance que, contrairement à la Grande-Bretagne, la France avait construit son arsenal nucléaire seule, sans aucune aide des États-Unis. Le choix était plus symbolique que réaliste mais, au compte de la grandeur, le symbole n'est pas rien et constitue au moins un langage et une forme d'incarnation du statut. Dans ce monde nouveau, le statut commençait en effet à l'emporter sur la puissance, marque évidente d'une ère nouvelle…

Enfin, conséquence logique des deux premiers postulats, cette politique s'inscrivait en contrepoint de la bipolarité dont de Gaulle a essayé de s'émanciper dans les limites que lui laissait la nature même du système « campiste ». D'où la sortie du commandement intégré de l'OTAN en mars 1966, mais aussi la politique de dialogue et d'ouverture avec l'Union soviétique, que le général de Gaulle continuait à appeler « la Russie » pour mettre en relief la continuité avec une histoire beaucoup plus ancienne. À quoi s'ajoute une série de prises de position en porte à faux par rapport à l'ordre en place, qu'il s'agisse du fameux discours de Phnom Penh sur la guerre du Vietnam (1er septembre 1966), de celui sur le « Québec libre » (Montréal, 24 juillet 1967), de la solidarité affichée avec le Biafra, de son refus de participer à l'intervention des Nations unies au Congo... Dès qu'il le pouvait, de Gaulle marquait sa différence même si, dans les situations d'affrontement direct Est-Ouest (tensions autour de Berlin, crise de Cuba), il retrouvait le sillon de la solidarité atlantique et occidentale. C'est sur la base de cet héritage gaullien que la France a pu longtemps conserver dans le monde, notamment dans les pays du Sud, l'image d'un pays du Nord différent des autres. Toute symbolique que fût la démarche, elle marquait probablement une forte rupture avec un passé tout récent...

Cet héritage était tellement fort que les successeurs du général de Gaulle en ont été comme tétanisés. Chacun d'entre eux avait de bonnes raisons de vouloir abandonner ce modèle de politique étrangère, mais tous ont fini par s'y plier avec quelques accommodements. Georges Pompidou, qui était beaucoup plus « modéré » en la matière que son prédécesseur, a perpétué la politique étrangère du général de Gaulle tout en l'infléchissant quelque peu dans un sens plus européen, notamment en ouvrant la porte à la Grande-Bretagne. Mais, lors de la guerre israélo-arabe d'octobre 1973, la posture de la France s'est révélée exactement la même qu'en 1967. Valéry Giscard d'Estaing n'appartenait pas à proprement parler au courant gaulliste : il avait plutôt une image de libéral, davantage ouvert au monde atlantique, tout en étant aussi beaucoup plus proche d'Israël qu'il avait soutenu en marquant sa différence avec de Gaulle en 1967. Pourtant, il défendit à peu près la même politique étrangère : sur le dossier israélo-palestinien, ses positions eurent vite fait de décevoir Tel-Aviv, notamment lorsqu'il gravit le mont Nebo pour observer à la jumelle les territoires occupés depuis la Jordanie et montrer ainsi la solidarité de la France avec le monde arabe et plus particulièrement les Palestiniens.

En 1981, un vieil ennemi du général de Gaulle, François Mitterrand, arrive au pouvoir. Le leader socialiste avait jadis voté contre le retrait de la France du commandement intégré de l'OTAN. C'était une personnalité politique très liée aux sensibilités atlantistes de la IVe République ; on savait de lui qu'il était un ami d'Israël et qu'il avait constamment pris position pour l'État juif face à ses ennemis. Il s'aligne pourtant à son tour sur l'héritage gaullien, peut-être en partie sous la pression de certaines personnalités de son entourage qui occupent les postes diplomatiques clés. Ainsi, Claude Cheysson, le premier ministre des Affaires étrangères, puis son successeur Roland Dumas sont tous deux très proches du monde arabe, très intéressés par les questions du Sud et méfiants à l'égard des États-Unis. L'essentiel des choix diplomatiques continue cependant à se faire à l'Élysée : il faut comprendre que Mitterrand arrive au pouvoir au moment où les grands alliés occidentaux sont en plein tournant néolibéral, avec Margaret Thatcher en Grande-Bretagne et Ronald Reagan aux États-Unis ; en 1982, les chrétiens-démocrates reviennent aux affaires sous la houlette de Helmut Kohl en Allemagne. Dans le G7 de l'époque, le président français, seul leader de gauche, et qui entend alors le rester, fait exception : peut-être est-ce par tactique, pour marquer son originalité, que l'homme a à cœur d'afficher sa différence diplomatique face à un courant qui pouvait déjà préfigurer le néoconservatisme…

Avec Jacques Chirac, c'est à nouveau un gaulliste qui occupe l'Élysée : on peut alors s'attendre à ce que la continuité aille de soi. C'est bien ce qu'on observe jusqu'en 2003 : cette stabilité se matérialise notamment par des positions très fermes sur le dossier palestinien. On se souvient du fameux voyage à Jérusalem en 1996 au cours duquel Jacques Chirac brocarde la police israélienne. Dans la même veine, le souci d'indépendance le conduit à marquer ses réserves face au traité d'interdiction totale des essais nucléaires ouvert à la signature le 24 septembre 1996. Il reste surtout son hostilité militante contre la guerre en Irak, qui apparaît comme le point d'orgue.

Contradictions postcoloniales

Il faut cependant se pencher avec précautions sur les limites de cet héritage gaullien et en particulier de sa politique d'ouverture « sudiste », laquelle reste constamment marquée du poids d'une contradiction qui remonte à fort loin dans le temps. La France – qui affiche une politique étrangère souverainiste et qui a cessé d'être une puissance coloniale – semble se présenter comme le leader potentiel de tous ces États, voire de ces peuples, qui cherchent à s'émanciper de toutes sortes d'impérialismes anciens ou nouveaux. Mais cet État qui se veut soudain rebelle est aussi porteur d'un très long passé impérial qui remonte aux limbes du monde occidental, jusqu'à Charlemagne. Napoléon, qui incarnait mieux que quiconque cette tradition, se réclamait explicitement du premier Carolingien qui revient à la mémoire de tous lorsque s'enclenche la construction européenne... Louis XIV avait lui aussi des rêves impériaux, tandis que le 14 juillet 1790, lors de la fête de la Fédération, certains pensaient pouvoir proposer à Louis XVI le titre d'« empereur des Français ».

Dans la volonté gaullienne d'assumer le *leadership* européen, il reste bien sûr quelque chose de cet ADN impérial : les partenaires européens de la France en ont toujours eu le soupçon, et se sont souvent agacés des prétentions de la France parfois qualifiées d'hégémoniques. C'est particulièrement le cas des pays qui avaient le moins de ressources pour résister, les Pays-Bas ou le Danemark, par exemple, tandis que les Allemands s'en accommodaient mieux à mesure qu'ils gagnaient en puissance économique, sachant très bien qu'ils étaient suffisamment forts pour se préserver. Le couple franco-allemand s'est constitué sur l'idée qu'aucun des deux ne pourrait dominer l'autre, tandis que le couple pourrait peut-être dominer tous les autres.

L'autre facette de ce rêve impérial français se trouve, bien entendu, dans l'empire colonial lui-même, puis, au lendemain des indépendances africaines en 1960, dans la formidable ambiguïté qui a présidé à la pérennisation ratée de la Communauté. Les États concernés ont été très vite enrôlés dans un système de clientélisation contrôlé par l'ancienne métropole (ce qu'on a appelé la « Françafrique »). Ce système s'est appuyé sur les liens privilégiés tissés avec des régimes néo-patrimoniaux acquis à l'indépendance et dirigés par des autocrates que la France n'a presque jamais hésité à secourir lorsque leur pouvoir était menacé. C'est ainsi que l'armée française a réussi à maintenir au pouvoir le Gabonais Léon Mba en 1964, tout comme le président tchadien François Tombalbaye en 1968, et plusieurs de ses successeurs ; de même a-t-elle protégé la dictature d'Eyadema au Togo ou encore aujourd'hui des personnages aussi « discutables » que le Congolais Denis Sassou Nguesso ou le Tchadien Idriss Déby. Le dictateur zaïrois Joseph Désiré Mobutu ne fut pas en reste lorsque l'opération franco-belge sur Kolwezi le sauva, en mars 1978, d'une menace venant du sud du pays. Inversement, les services français ont su implicitement ou explicitement se « débarrasser » de chefs d'État gênants, à l'instar du Centrafricain David Dacko au profit de Jean-Bedel Bokassa en décembre 1965, du même au profit de son prédécesseur revenu en grâce française en septembre 1979, sans compter, toujours dans le même pays, la destitution d'Ange Patassé en 2003 au bénéfice du général François Bozizé. Quant au Burkinabé Thomas Sankara, certains voient des mains venues de l'Hexagone dans son assassinat en 1987, en pleine cohabitation entre François Mitterrand et Jacques Chirac...

De ce point de vue-là, toutes les politiques menées par la France en Afrique depuis 1960 ont largement préparé le terrain aux conflits que nous connaissons aujourd'hui. Elles ont entretenu des régimes autoritaires et corrompus, foulant aux pieds les droits de l'homme, largement coupés de leurs sociétés, tandis que les politiques de coopération promues par Paris n'ont profité qu'à une petite élite superficielle.

Il faut faire une place à part à l'Algérie dans le drame des relations postcoloniales de la France, d'abord parce que la cicatrice y est beaucoup plus profonde : huit ans de guerre (1954-1962), mais en réalité dix-sept ans de violences, d'affrontements de nature raciale, ethnique et religieuse, sur fond de proximités et d'interactions sociales nourries entre Français et Algériens. Car il s'agit aussi d'une violence intime relayée par une population algérienne très présente en France et par une forte imbrication des histoires des deux pays ; il ne faut pas oublier que le premier président de la République algérienne indépendante, Ahmed Ben Bella, était sous-officier dans l'armée française et avait joué dans les clubs de football militaires à Marseille, envisageant même un temps de commencer une carrière sportive en France…

Cette intimité était paradoxalement le ferment idéal d'une incompréhension durable. De Gaulle s'était donné l'objectif de créer de manière très volontariste des relations nouvelles, d'où la nomination de hautes personnalités de la Ve République comme premiers ambassadeurs à Alger. La technique n'a jamais vraiment fonctionné. La dérive du système algérien y est aussi pour quelque chose : l'idéologie mobilisatrice du FLN, un nationalisme teinté de socialisme arabe, s'est vite transformée en banal autoritarisme bureaucratique et militaire, minant la légitimité du pouvoir aux yeux d'une population qui s'est bientôt tournée vers d'autres horizons. C'est ainsi que l'Algérie a été le premier des pays du monde arabe à faire « sa poussée de fièvre » islamiste, avec comme résultat la terrible guerre civile des années 1990.

C'est donc significativement de ce côté que l'ouverture de la France vers le Sud s'est heurtée à une concurrence particulièrement agressive. Parmi les nations nouvellement indépendantes, d'aucunes entendaient privilégier les alliances Sud-Sud plutôt que les relations avec les anciennes métropoles ou le Nord en général. L'esprit de Bandung souffla dans un sens contraire au projet gaullien avec des leaders comme Ahmed Sékou Touré en Guinée, voire Modibo Keita au Mali, mais c'est surtout l'Algérie qui assuma le *leadership* de ce mouvement de défiance, sa position au carrefour de l'Afrique et du monde arabe, le poids extrême de son passé colonial et ses ressources pétrolières lui en donnant tant l'inspiration que les moyens. La conférence d'Alger, en 1973, fit pour un temps de cette ville la capitale des non-alignés et des contestataires du système international, mettant la diplomatie algérienne en situation de compétition directe avec la diplomatie française. Ce qui n'a jamais empêché, notons-le, diverses formes de coopération entre les deux pays, notamment policière et sur la gestion des flux migratoires. C'est une loi banale des relations internationales : entre États, il y a toujours un minimum de complicité dans la mesure où il y a toujours une part d'intérêts communs.

Dilemmes et options d'une « puissance moyenne »

Comment cette politique de la « grandeur » – avec les contradictions et les contrariétés auxquelles elle se heurtait un peu partout – a-t-elle été accueillie par l'allié américain ? Que le volontarisme gaullien ait irrité Washington, c'est indéniable. Les relations bilatérales ont souvent été marquées par une certaine froideur : de Gaulle et Kennedy ne se sont jamais vraiment compris, et entre le Général et Lyndon Johnson régnait même une ignorance faite de distance et d'incompatibilité. Richard Nixon était plus conciliant, et surtout son mandat correspondait à un affaiblissement notable de la capacité hégémonique des États-Unis. Mais la question des rapports entre Washington et Paris va bien au-delà de ces épisodes d'agacement épidermique. Il y a même un enjeu profond qui se dissimule derrière ces escarmouches diplomatiques : que peut bien signifier être une puissance moyenne dans le jeu international ? Et d'ailleurs, existe-t-il vraiment des puissances moyennes ?

La question est rarement posée comme telle. Du temps du concert européen, elle n'avait guère de sens car les puissances du club reconnaissaient leur parité. Pendant la Première Guerre mondiale, il n'y avait pas de puissances moyennes parmi les principaux belligérants, mais des puissances tout court en situation de compétition aiguë. La conclusion de la Seconde Guerre mondiale consacre quant à elle une autre figure géopolitique, qu'on désigne désormais sous le terme de « superpuissances », liant l'URSS et les États-Unis pour le meilleur et pour le pire, dévaluant d'autant l'idée de « puissance moyenne » : la Grande-Bretagne, autrefois quasi hégémonique, en est ainsi réduite à jouer le rôle de brillant second et de fidèle partenaire atlantique des États-Unis.

Dans le contexte de la bipolarité et de ce nouveau « campisme », un tel statut, aussi incertain fût-il, pouvait signifier deux réalités différentes, et aucune des deux n'était agréable à entendre pour les supergrands. Il pouvait traduire l'idée que certains pays jouissaient d'un droit dérogatoire à une autonomie quelque peu contestataire, ce que les Soviétiques ont eu à éprouver de manière douloureuse avec le schisme Moscou-Pékin. Mais il pouvait aussi impliquer l'existence d'un droit à cogérer le camp, ce qui est exactement ce que de Gaulle recherchait, du moins dans un premier temps. Dès 1958, alors qu'il n'était encore que président du Conseil, le Général avait envoyé à ses partenaires occidentaux un bref mémorandum proposant la constitution d'un directoire de l'OTAN accordant à la France et à la

Grande-Bretagne un droit de regard sur toutes les grandes décisions politiques, diplomatiques et stratégiques. Pour Washington, une telle proposition était inacceptable. Eisenhower lui a opposé une fin de non-recevoir et son successeur, John Kennedy, n'a pas voulu en entendre parler non plus. C'est pourquoi Charles de Gaulle vint à choisir l'autre option, celle de l'autonomie, et donc de la sortie du commandement intégré de l'OTAN. Dans un cas comme dans l'autre, c'est toute la logique du jeu bipolaire qui était remise en cause, ou en tout cas bousculée. Si George H. Bush, trente ans plus tard, a défendu, aussitôt le mur tombé, la thèse de la pérennisation de l'OTAN, c'est justement parce qu'il craignait que la disparition de la menace soviétique crée, chez certains de ses alliés occidentaux, de telles velléités d'autonomie. Les effets « campistes » de la bipolarité devaient se maintenir au-delà de la bipolarité : l'affirmation soudaine d'hypothétiques puissances moyennes devenait un cauchemar diplomatique…

Le grand revirement

Reste évidemment à savoir si ces puissances sont de vraies puissances et jusqu'où peut aller leur capacité d'autonomie. En posant cette question, on commence à comprendre le grand revirement qui s'amorce en France en 2003 et qui marque la fin de la politique étrangère gaulliste.

De prime abord, la rupture semble très mystérieuse. On l'a vu, Jacques Chirac prend nettement position contre la guerre en Irak en 2003, et les événements lui donnent doublement raison : non seulement on ne trouve aucune arme de destruction massive sur le terrain, mais sa position est largement soutenue par l'opinion publique internationale qui pressentait à raison tous les risques encourus. Le 15 février, alors que Dominique de Villepin prononce son célèbre discours devant le Conseil de sécurité, on compte près de 15 millions de manifestants contre la guerre, un peu partout dans le monde, un record absolu en termes de mobilisation transnationale. Et pourtant, le second semestre 2003 est marqué par un revirement profond et surprenant de la politique étrangère française. Une autre politique se met alors en place en France, qui n'a plus rien à voir avec celle forgée au début de la Ve République et qui fait très vite perdre à la France tous les avantages qu'elle avait « capitalisés » en près de cinquante ans ; plus encore, elle se retrouve désormais en position de fragilité, d'instabilité et de contradictions dont elle ne parvient plus à se sortir.

Car ce revirement de Jacques Chirac fut endossé et sensiblement renforcé par ses deux successeurs, Nicolas Sarkozy et François Hollande, malgré leurs différences idéologiques supposées.

On peut identifier les phases successives de ce tournant. Le premier épisode a lieu lors du sommet du G8 qui se tient à Évian du 1er au 3 juin 2003. La partie semble mal engagée : d'après certaines rumeurs, pour punir la France, George W. Bush ne souhaite pas y assister. En réalité, non seulement le président américain se rend à Évian, mais Chirac se rapproche sensiblement de ses choix et amorce une politique de réconciliation avec les États-Unis qui se matérialise par une série de résolutions votées au Conseil de sécurité. Successivement, les résolutions 1483 (déjà votée le 22 mai 2003, malgré encore quelques tensions), 1511 (prise le 16 octobre 2003), puis 1546 (8 juin 2004) reconnaissent *ex post* l'« Autorité provisoire de la coalition » et légitiment l'occupation de l'Irak par l'armée américaine et ses alliés. Ces votes sont certes acquis à l'unanimité, voire à la quasi-unanimité (la Syrie s'abstenant) mais la France se montre active dans cette nouvelle construction et tous les arguments naguère déployés contre l'opération américaine sont brutalement oubliés : incontestablement, s'ouvre une nouvelle ère.

On peut émettre l'hypothèse que Jacques Chirac a acquis alors la conviction que la France n'a pas les moyens de soutenir une querelle si forte avec le « grand frère » ni ceux de subsister durablement hors du camp occidental : c'était une façon d'admettre que la notion de puissance moyenne n'était pas tenable. Mais ce revirement va bien au-delà d'un rapiéçage. Certes, il règne à l'époque, aux États-Unis, une atmosphère de *French bashing* intimidante : on vide des bouteilles de vin français dans les caniveaux, on débaptise les frites (*« liberty fries »* au lieu de *« French fries »),* on stigmatise les rares personnalités publiques qui parlent français, comme le malheureux John Kerry. Cela n'explique pas pour autant l'ampleur du réalignement de la diplomatie française. Qu'on en juge : peu de temps après, le 2 septembre 2004, la France coparraine avec les États-Unis la fameuse résolution 1559 approuvée de justesse, malgré l'abstention notamment de la Russie, de la Chine, du Brésil et de l'Algérie, et à la grande surprise du secrétaire général des Nations unies, Kofi Annan. Les deux puissances occidentales – plus que jamais tutélaires – rappellent le droit à la souveraineté du Liban et dénoncent la présence syrienne au pays du Cèdre ; elles interpellent le Hezbollah et exigent sa dissolution et son désarmement sans jamais le nommer explicitement ; enfin, fait nouveau dans la pratique française, le conflit israélo-palestinien n'est plus mentionné. C'est la première fois depuis 1945 que Paris et Washington prennent une initiative commune au Moyen-Orient et qu'un alignement se dessine entre les deux capitales sur la gestion d'une région si emblématique qui les avait séparées depuis près de quarante ans.

En juillet 2005, Ariel Sharon est reçu à Paris avec tous les honneurs : on perçoit, à cette occasion, une évolution très sensible du discours français en direction d'Israël. L'assassinat du Premier ministre libanais, Rafic Hariri, quelques mois plus tôt, a entraîné une détérioration encore plus marquée des relations franco-syriennes tandis que s'installe en Iran un nouveau président, Mahmoud Ahmadinejad, que la France ne considère pas comme un partenaire acceptable. Malgré les efforts de Chirac, aussitôt contrés par Sarkozy, les relations s'aggravent aussi fortement avec la Turquie. La France est absente d'Irak, elle est brouillée avec la Syrie et elle perd pratiquement tous ses relais non seulement dans le monde arabe, mais dans le grand Moyen-Orient. Le contraste est saisissant avec la situation qui prévalait encore dans les années 1970 et 1980.

L'élargissement de l'Union européenne a incontestablement agi tel un accélérateur de cette perte d'identité internationale. L'année 2004 marque l'entrée de nouveaux pays dans l'Union, pour l'essentiel des anciennes démocraties populaires. Ces nouveaux membres ne se retrouvent pas du tout dans l'idée d'un quelconque *leadership* diplomatique français. Dès lors, on passe discrètement, sans que cela ne soit jamais officialisé, d'une Europe diplomatiquement dominée par la France à une Europe où la France est reléguée à un statut de membre ordinaire parmi les autres. Paris est désormais entravé dans ses initiatives diplomatiques dès lors que les discussions s'ouvrent à Bruxelles.

Dernier aspect de cette mutation silencieuse, l'évolution du personnel diplomatique français. Le Quai d'Orsay était jusqu'ici tenu par une élite qui était soit directement issue de la Seconde Guerre mondiale, pour les plus anciens, soit socialisée dans le contexte de la politique étrangère d'inspiration gaullienne pour les plus jeunes. Dès lors que ces fonctionnaires se retirent, on voit s'installer à la tête des grandes directions du Quai d'Orsay une nouvelle génération de diplomates qui non seulement n'ont pas connu l'expérience de la guerre, mais ne sont guère familiers des conceptions et des réflexes acquis pendant la période gaullienne. C'est un nouvel imaginaire qui se fait jour peu à peu, davantage marqué par la prédominance du modèle américain que par le passé gaulliste et souverainiste de la France.

Un néoconservatisme à la française

Se profilent ainsi les prémices d'un néoconservatisme à la française dont, certes, le Quai d'Orsay n'est pas le foyer principal, mais qui influence fortement l'action de la France dans le monde. Le phénomène était né aux États-Unis, au tournant du siècle et avait fortement inspiré les deux présidences de George W. Bush. Puisée notamment dans la philosophie de Leo Strauss, la doctrine proclamait la supériorité absolue des valeurs héritées de l'histoire occidentale sur toute considération d'opportunité ; elle prenait forme à travers un messianisme intransigeant qui entendait se mettre au service de l'universalisation d'un modèle supérieur à tous les autres. Le discours plaisait aux conservateurs qui voyaient en lui une défense des valeurs consacrées ; il n'était pas indifférent à une certaine gauche qui y retrouvait des accents d'émancipation des peuples dominés par des modèles politiques les privant de liberté. Par son intransigeance, la démarche contrariait cependant les réalistes qui n'acceptaient pas cet abandon présomptueux du dogme de l'équilibre des puissances, elle choquait tout autant ceux qui considéraient le respect de l'altérité comme la base indispensable de la nouvelle mondialisation.

En France, le phénomène atteint d'abord la sphère intellectuelle et s'impose vite comme l'avatar principal de ce qu'on appelait naguère les « nouveaux philosophes » : le plus médiatique d'entre eux, Bernard-Henri Lévy, vient très vite à se complaire dans le rôle de ministre des Affaires étrangères *de facto* de Nicolas Sarkozy en le poussant à intervenir militairement en Libye. Ces idéologues délivrent un nouveau message dans lequel les États-Unis n'apparaissent plus comme un *hegemon* à combattre ou au moins à contenir, tandis que la défense d'Israël devient une priorité qui relègue loin derrière le soutien à la cause palestinienne souvent simplement occultée. Plus globalement, la référence au modèle occidental, voire à l'identité occidentale, devient la matrice d'une nouvelle politique étrangère : non seulement l'altérité ne fait plus sens, mais il convient de la recentrer en la soumettant à l'universalisation d'un modèle présenté comme supérieur aux autres. L'argument fait dangereusement son apparition : « On nous attaque parce qu'on est les meilleurs. » La thèse brille par ses silences : sur l'histoire occidentale dont les soubresauts sanglants au XXe siècle la privent de toute prétention à la sainteté ; sur les énormes responsabilités de l'Occident dans la propagation des autoritarismes et des violences qui frappent le Sud et qui sont à juste titre dénoncés ; sur cette étrange mutation du monde qui, avec l'effondrement des totalitarismes soviétiques, enlève à l'Occident non seulement sa pieuse unité d'antan, mais aussi le principal contrepoint qui faisait son identité. D'où le recours scabreux à des critères confessionnels, voire ethniques, destinés à redonner sens à l'idée d'occidentalité et qui banalisent dangereusement le discours sur la « guerre des civilisations »

Parallèlement à ces nouveaux « intellectuels organiques » qui opèrent surtout dans les médias, la classe politique subit elle aussi des transformations qui contribuent au tournant néoconservateur de la diplomatie française. La quasi-disparition du Parti communiste accélère la dérive du Parti socialiste vers les tendances droitières de la social-démocratie européenne, incarnées par le blairisme en Grande-Bretagne ou par Gerhard Schröder en Allemagne. Non seulement le modèle libéral devient attractif et comme synonyme de modernité, mais on se plaît désormais à renouer avec l'atlantisme que cultivait l'ancêtre SFIO sous la IVe République : Guy Mollet renaît de ses cendres... À droite, l'éloignement générationnel par rapport à l'héritage gaullien favorise la montée de véritables équivalents français des *« Chicago boys »* et d'un nouveau sens commun néolibéral que Nicolas Sarkozy incarne mieux que ses rivaux : dès son entrée en campagne présidentielle, il se fait adouber à Washington par un George W. Bush pourtant bien mal en point. Paradoxalement, en effet, le néoconservatisme à la française prend son essor au moment même où cette idéologie amorce son déclin aux États-Unis. N'ayant évidemment pas les moyens de promouvoir à son tour les mêmes croisades que la puissance américaine au début des années 2000, il s'incarne d'abord dans le discours, notamment la référence, vite devenue obsessionnelle, à la « famille occidentale » qui scande les discours politiques de Nicolas Sarkozy.

Cette évolution prend forme à travers trois orientations nouvelles dont les effets entraînent vite conséquences et interrogations. La première est en rupture avec la tradition souverainiste : en 2009, la France reprend sa place au sein du commandement intégré de l'OTAN. Tous les symboles de l'autonomie de la politique de défense française disparaissent au moment même où la notion douteuse de « famille occidentale » revêt un sens pour le moins ambigu : privé de son ennemi soviétique qui participait cependant de la même culture, l'Occident n'existe plus qu'en s'opposant au non-Occident, c'est-à-dire à tout ce qui constitue aujourd'hui les Suds, de l'Islam à l'Asie orientale ou à l'Afrique... On entre à contresens non seulement dans la mondialisation, mais dans la prise en compte des émergents chinois, brésilien, indien, et donc de l'Histoire : en somme, on se régénère en construisant son propre fondamentalisme.

La deuxième orientation est un interventionnisme croissant, presque généralisé à toutes les crises : le néoconservatisme à la française ressemble ici à son homologue américain, jusqu'à paraître le copier. Les opérations militaires outre-mer se multiplient. En Côte d'Ivoire, l'armée française impose, en avril 2011, Alassane Ouattara, dont il n'a jamais été établi qu'il fut régulièrement élu président face à son concurrent Laurent Gbagbo. En Afghanistan, la présence des troupes française est renforcée. Paris intervient en Libye en 2011, puis au Mali en 2013, et l'opération Barkhane s'étend bientôt aux pays voisins. En décembre 2013, l'opération Sangaris est montée en République centrafricaine. En août 2013, la France affiche sa volonté – quelque peu naïve puisqu'elle va à l'encontre des options de Washington – d'intervenir en Syrie contre le régime de Bachar al-Asad. On est passé du *« regime change »* au « changement de régime », en français dans le texte…

La dernière réorientation vise la construction d'une « diplomatie de la punition » certes cohérente avec les options néoconservatrices et interventionnistes, mais en contradiction avec ce qu'exige le jeu international et ce que signifie la diplomatie. La France est en guerre un peu partout, mais il ne s'agit plus de conflits qui la confrontent à des ennemis : elle dit agir contre des « criminels », dans le cadre de « guerres justes » dont l'appellation, longtemps en sommeil, est désormais réhabilitée. Cette diplomatie punitive rompt, elle aussi, avec la tradition des débuts de la Ve République. Elle s'accompagne de sanctions qu'on distribue à la ronde comme des mauvais points, et d'exclusions de « mauvais sujets » : on établit une liste noire de tous ceux avec lesquels on ne communique même plus. Il n'est pas question de parler avec Bachar al-Asad, ni avec le Hezbollah, ni avec le Hamas, ni avec Robert Mugabe au Zimbabwe, pas plus qu'avec Omar al-Bachir au Soudan. Pendant très longtemps il n'était pas question de parler avec Téhéran, ni avec le Biélorusse Loukachenko. Les figures de la politique mondiale s'affichent ainsi dans un « argus des vertus », où la cote de chacun fluctue au gré des circonstances, mais aussi, pour le coup, d'arguments fort réalistes : on courtise en même temps des dictateurs confirmés en Afrique ou au Moyen-Orient. Le profane a du mal à se retrouver dans un tel imbroglio diplomatique où l'on perçoit bien que le régime du bannissement suit des règles de convenance à géométrie variable plutôt que des principes éthiques cohérents.

Le comble est atteint avec l'application de cette logique d'exclusion à la Russie, qui survient au plus fort de la crise ukrainienne, où l'on ne discute plus avec Moscou, qu'on expulse même du G8. On annule des rencontres et on interdit à des personnalités russes de venir à Paris ; d'aucunes s'y rendent quand même en prétextant d'une visite à l'Unesco, protégée par son statut d'organisation internationale… L'incohérence de la démarche est patente. Elle nous mène à la situation qui prévalait fin 2015, où quelques semaines après avoir refusé de vendre à la Russie des navires qu'on avait construits pour elle, la France lançait en Méditerranée orientale une opération dans laquelle le porte-avions *Charles-de-Gaulle* coopérait avec la marine russe… À ce stade, c'est l'idée même de diplomatie qui est atteinte, cet art dont la définition nous apprend qu'il consiste précisément à gérer les séparations ou les différends et non à réunir des amis.[2]

La France a-t-elle au total une politique étrangère plus ambitieuse que ses moyens ne le lui permettent ? Au niveau économique, l'interrogation fait sens : les ressources peinent à suivre la volonté militaire affichée. Mais l'interventionnisme est

---

2. P. Sharp, *Diplomatic Theory of International Relations*, Cambridge University Press, Cambridge, 2009.

marqué par une contradiction plus profonde encore. Ces croisades d'inspiration néoconservatrice menées sur divers fronts d'outre-mer, et notamment au Moyen-Orient, ne sont possibles que si elles disposent du soutien de la logistique militaire américaine. Dès lors, pour s'affirmer comme puissance moyenne face à une Allemagne qui la surpasse sur le plan économique, la France multiplie les opérations militaires qui l'amènent, à un moment ou à un autre, à prier le géant américain de lui venir en aide. Derrière ce cercle vicieux, c'est à nouveau l'idée même de « puissance moyenne » qui est en cause. Cet aspect touche la haute diplomatie : la tournée opérée par le président français dans les capitales des grandes puissances dès le lendemain de la tragédie du 13 novembre 2015 apparaît comme anecdotique face aux négociations parallèlement entamées entre Russes et Américains.

Ce fragile néoconservatisme à la française, qui a annulé en quelques années quarante-cinq ans de politique étrangère autonome, semble faire largement consensus au sein de la classe politique française. Initié sans être véritablement pensé comme tel par un néogaulliste, ce tournant idéologique a été approfondi par un libéral avant d'être perpétué par un social-démocrate. On retrouve ce consensus au fil des votes parlementaires et des prises de position de partis, dont ne se distinguent que quelques rares écologistes et, de temps à autre, les élus communistes. C'est d'autant plus troublant que l'autre facette de cette quasi-unanimité se manifeste dans la politique migratoire et la gestion de la crise des réfugiés telle qu'elle se noue durant l'été 2015, elle-même intimement liée aux paramètres nouveaux de la mondialisation. On retrouve, en ce domaine, les mêmes réflexes néoconservateurs qui flattent l'identité occidentale tout en servant, explicitement ou implicitement, de justification à une politique de repli et de peur cherchant à endiguer à tout prix l'afflux de migrants. Alors même que celui-ci, avenir inéluctable du monde, pourrait offrir une chance de régénération à des pays européens vieillissants, à condition d'être non pas réprimé, mais convenablement géré.

Comment expliquer cet entêtement fatal face à une mondialisation qu'on ne veut pas comprendre ? Il est d'abord un signe d'échec et de frilosité, face à l'autre, face à l'ouverture et face au grand large. C'est la faiblesse économique de la France dans son tête-à-tête avec l'Allemagne qui la pousse vers ce radicalisme interventionniste mâtiné d'un identitarisme marqué. Cet effet de « surcompensation » s'inscrit en outre commodément dans le sillon d'une vieille tradition qui se veut républicaine, tout en restant coloniale et impériale : on n'est pas loin de Jules Ferry lorsqu'il expliquait, au temps de la conquête du Tonkin, que la France avait une « mission d'éducation des races inférieures ». On retrouve aussi la constante obsession du « statut » que l'on risque de perdre, éternelle hantise que l'on percevait déjà dans la fièvre du congrès de Berlin (1885), portant alors sur le partage de l'Afrique entre puissances européennes : le délégué français, le baron Alphonse de Courcel, envoyait à son ministre cette note – combien actuelle – qui voulait justifier l'activisme diplomatique de son équipe : « Un acte de fermeté, d'énergique volonté et nous reprenons notre rang dans l'estime des nations ; une nouvelle preuve de faiblesse et nous achevons de nous reléguer au rang de l'Espagne[3]. » Peur de perdre, de ne plus être après avoir été... Idée malheureuse et profondément enracinée qui veut que le statut se reconquière aux dépens des autres et non avec eux...

Cette impéritie et ce manque d'imagination sont aussi ceux d'une classe politique française comme tétanisée face au discours populiste du Front national. Le discours qu'on lui oppose passe souvent par la reprise et l'assimilation de ses catégories dans des

---

3. Cité *in* J.-B. MICHEL, « Main basse sur l'Afrique », *Géohistoire*, 24, décembre 2015, p. 45-47.

versions à peine euphémisées, à l'instar de la stigmatisation des doubles nationaux : l'identitarisme s'infiltre et atteint très logiquement le domaine international pour étouffer toute construction de l'altérité. La France est, parmi les démocraties occidentales, l'une des plus exposées à l'influence de l'extrême droite : ce n'est pas sans effets sur ses orientations diplomatiques et sa politique étrangère.

Sortir de soi

Si la France n'avait pas ainsi dilapidé son capital diplomatique, elle aurait été bien placée pour négocier les dynamiques émergentes qui pointent au sein du système international. Il aurait fallu pour cela admettre que nous ne sommes pas seuls au monde et que la simple universalisation du modèle issu de la Révolution française n'était plus à l'ordre du jour. Commencer à construire l'altérité, vivre avec des flux de populations, d'idées, de croyances qui ne nous sont pas familières, tenir compte de l'apport de l'autre, savoir même en faire une part de notre héritage commun, tel était le défi.

Le symptôme par excellence de cette myopie et de ce conservatisme s'exprime dans la difficulté même de prendre en compte les nouvelles puissances.

Dans une perspective gaullienne, il eût été possible d'engager une politique volontariste en direction de celles-ci, que ce soit la Chine, le Brésil, l'Inde, l'Afrique du Sud, la Turquie ou l'Iran, autant de nations qui sont en passe de « monter en première division ». On imagine les « coups » que la France aurait pu monter en partenariat avec les diplomaties brésilienne, turque, ou autres. Plus en prise avec les conflits locaux, ces pays sont souvent davantage en empathie avec les populations souffrantes qui pèsent de plus en plus sur l'agenda international ; ils peuvent jouer le rôle de « médiateurs naturels ». Mais on ne traite pas avec le Brésil en se contentant d'organiser une année du Brésil en France ou une année de la France au Brésil. Paris aurait bien plus à gagner à long terme à agencer une synergie diplomatique avec Brasilia qu'avec Londres ou même Berlin, trop proches, trop communément engoncés dans la nostalgie ambiguë du concert européen, faite d'excessives proximités et de très vieilles méfiances. Mais ce type d'option n'a même pas été étudié.

La dimension proprement intellectuelle de cette myopie et de cette ignorance n'est pas à négliger. Alors même que la recherche française sur le politique et les relations internationales – qui se nourrit d'histoire, de sociologie, d'anthropologie, de science politique et d'économie – a un discours original, porté par une trajectoire particulière, elle est menacée par les coups de boutoir d'un modèle anglo-saxon ultra-dominant et par l'activisme médiatique et politique des néoconservateurs. Il y a un effondrement de la capacité de lecture du monde qui est aussi lié au déclin de l'intelligentsia progressiste. L'intellectuel de gauche a été en quelque sorte asphyxié par le conflit Est-Ouest, qui lui a retiré une part de sa crédibilité, tandis que ses options en faveur du Sud ont souvent abouti à un tiers-mondisme un peu naïf. Au moment même où il s'agit de s'ouvrir au monde, la nouvelle droite intellectuelle est venue recycler de vieilles idées sur la supériorité de l'Occident qui ont des effets profondément néfastes. Il est stupéfiant de constater que, dans l'établissement des programmes d'histoire des lycées français, on ne croit pas utile d'expliquer aux jeunes, autant que l'histoire de France, ce que furent plus de quatre mille ans d'histoire chinoise, les empires musulmans ou les royaumes de l'Afrique précoloniale. Qu'on pense également aux controverses absurdes sur l'enseignement de l'arabe, où l'épouvantail des risques communautaristes efface toute réflexion sur le besoin d'ouverture au monde.

Au moment où la mondialisation s'impose comme enjeu dominant, on fait tout pour réduire la lisibilité des autres cultures et la capacité de construire de l'empathie à leur égard. Jadis, sur le plan de la construction nationale, on avait fini par comprendre, à la fin du XIXe siècle et pendant une bonne partie du XXe siècle, qu'il fallait créer du lien social et intégrer les classes ouvrières. Or la seule façon d'affronter la mondialisation et d'abaisser le seuil de violence consiste précisément à créer du lien social à l'échelle du monde, de promouvoir une meilleure connaissance des cultures extra-occidentales et d'en finir avec la hiérarchie occulte des civilisations qui continue à peser sur le jeu international.

Après le 13 novembre

Si l'État français choisit de répondre aux attentats innommables du 13 novembre 2015 en accentuant les traits de la diplomatie que nous venons de décrire, il risque de s'installer pour longtemps dans un cercle vicieux : en utilisant des instruments militaires inadaptés, il entretiendra des situations de violence croissante et de plus en plus intraitables. La société française, de son côté, a une double responsabilité. Dans la gestion quotidienne des événements, en ne cédant pas à la peur, aux stéréotypes, à la haine, à la simplification. Mais, comme toujours dans les périodes d'échec et de déclin, la société est aussi une source possible de régénération. C'est en son sein – et non dans les sphères gouvernementales – que naîtront sans doute les germes d'une nouvelle politique étrangère de la France. N'oublions pas que la politique étrangère gaulliste est née des décombres d'une IVe République qui avait totalement échoué. Elle répondait à une crise très grave liée aux affres de la décolonisation et à l'émergence d'un monde nouveau dans lequel la France avait du mal à trouver sa place.

Il importe qu'aujourd'hui la société française puisse se situer dans la dynamique de la mondialisation, face au risque de repli identitaire ; il faut qu'elle sache gagner de cette ouverture au monde les mêmes bénéfices qu'ont su en capitaliser des sociétés pourtant moins « avancées ». La Chine a su tirer davantage de profit de la mondialisation, parce qu'elle s'y est installée immédiatement. Il en va de même de la plupart des pays émergents. Certes, tous n'avaient guère le choix et étaient obligés de se donner à la mondialisation pour survivre. En ce qui concerne la France, la situation n'est pourtant pas si différente. Les insécurités humaines qui affectent les pays du Sud sont les insécurités humaines de la France de demain, de même que les énergies créatrices qui fleurissent dans le pays des autres peuvent jouer plus tard un rôle novateur sur le sol du vieux continent.

Si on ne réinstalle pas l'humain au centre de tout, au-dessus du profit, de la compétitivité, de la production, d'un identitarisme incontrôlé, de la promotion de telle ou telle idéologie ou de tel ou tel modèle, si on ne remet pas l'homme au centre de la vie, on risque d'être rongé par ces sursauts conservateurs, ignorants, obscurantistes, routiniers et conformistes. La réflexion internationale et diplomatique doit intégrer ces valeurs humanistes si elle ne veut pas sombrer sous l'effet catastrophique d'une politique issue d'un autre âge.

Conclusion

Le monde a changé et, face aux bouleversements, la réaction la plus couramment observée par les historiens est celle du déni. Occulter le réel est une manière commode de gérer ses peurs, ses incertitudes et de s'offrir un court mais coûteux répit. Certains sont nostalgiques de la Guerre froide, d'autres en appellent au sursaut du *leadership* américain, tandis que nombreux sont ceux qui se cramponnent désespérément à l'idée d'un Occident censé incarner la noblesse du monde…

Rien de bien neuf dans cet appel pathétique au passé. Après avoir eu très peur, les dynastes européens entraient dans l'ère postnapoléonienne en célébrant les vertus d'un légitimisme restauré. En préparant l'après-guerre, les principaux acteurs du premier conflit mondial restaient profondément marqués par ce qui les précédait : Clemenceau se délectait d'une revanche sur l'Allemagne ; le Premier ministre britannique Lloyd George et son sous-secrétaire d'État au Foreign Office, lord Robert Cecil, concevaient la future SDN conformément au souvenir qu'ils avaient du congrès de Vienne, avec ses alliances, son club et son équilibre de puissance... Les relations internationales seraient-elles foncièrement conservatrices ? Probablement : faute de gouvernement mondial, la vie internationale ne peut se concevoir que comme une addition de souverainetés plus ou moins coopérantes et il est admis que le *statu quo* est bel et bien le meilleur des compromis possibles entre elles... Plus encore, l'intérêt national – ou du moins la conception qu'on en a – se vendant bien sur le « marché électoral », mieux vaut diriger tous ses efforts vers la préservation d'un statut anciennement acquis que vers la protection de biens communs dont la planète a désormais besoin pour survivre et qui risque de se révéler coûteuse et peu rentable dans le court terme...

Pourtant, ce manque d'inventivité, cette cécité appliquée et méthodique, ce peu d'intérêt pour le global et ce goût appuyé pour la reproduction du passé ne cessent d'aggraver les problèmes : une prolifération de la violence internationale qui se fragmente et se contrôle de moins en moins, des inégalités qui se creusent, des enjeux sociaux et écologiques colossaux qui restent non traités, des États qui s'effondrent et des biens communs qui dépérissent. Tout ramène en fait à interroger la « mondialisation », terme utilisé à longueur de temps, mais davantage comme invective ou paravent que comme point de départ d'une réflexion. La complexité du phénomène mériterait pourtant mieux : se comporter correctement dans un monde qui n'est plus à l'échelle de nations juxtaposées, mais de la planète entière appelle au moins un *effort d'adaptation*. Elle doit conduire aussi à un minimum d'inventaire de nos catégories consacrées. Quand le chantier change à ce point de dimension, il n'est pas sûr que les outils d'hier gardent leur pertinence : « territoire », « frontière », « souveraineté », « sécurité nationale » perdent un sens qui date de quelques siècles. Il n'est pas dit non plus que la mondialisation nous amène nécessairement à capituler devant un néolibéralisme arrogant qui a su habilement jouer de la défaite du « camp socialiste » et de l'abusive équivalence entre un monde inclusif et un marché intégral. Le libéralisme économique n'est pas la seule grammaire possible pour mettre en pratique l'interdépendance généralisée !

Les tourments présents trouvent en partie leur origine dans une sorte de malédiction dont rien ne permet de dire qu'elle est fatale : le monde n'a jamais réussi à révolutionner le jeu international autrement que par la guerre, offrant peut-être à Hobbes l'une de ses plus grandes victoires posthumes. L'œuvre du président Wilson n'a ressurgi que sous une forme « bottée », tandis que plus personne ne se réfère aujourd'hui à Léon Bourgeois et à sa vision résolument moderne d'un solidarisme international qui dépasserait l'acte martial : pour cela, il fut traité d'« utopiste » et écarté du débat. Le multilatéralisme qui devait aider à franchir le pas de la paix a été amendé dès sa naissance pour laisser se reconstituer en son sein même un îlot de puissance qui permet aux plus grands de rester en lisière de la nouvelle légalité internationale ; le projet d'une armée onusienne capable d'intervenir au nom de tous, et non plus à celui de la puissance, est resté de même lettre morte. Il serait illusoire de penser que cet ordre est aisément réformable, puisque toute intention de cette nature est perpétuellement l'otage du droit de veto des plus forts…

Pour sortir de cet engrenage stérile et dangereux, de cette fatalité martiale qui n'est qu'apparente, c'est donc prioritairement la diplomatie qu'il faut promouvoir et réformer. En la remettant d'abord « sur les rails », en parlant à tous, en la comprenant non plus comme un instrument de punition, d'autopromotion ou de déclamation, mais de gestion de crise. Technique d'urgence, elle n'est pas là pour se plier à une autre rationalité que celle visant à opérer sur les tensions pour les réduire. Elle est là aussi pour faire vivre la négociation qu'on voit s'atrophier au fil du temps et dont on s'est même étonné de la voir renaître à la faveur de l'accord du 14 juillet 2015 sur le nucléaire iranien. Elle doit être, en tant que technique, distinguée de la *politique internationale*, en fait devenue aujourd'hui la *politique mondiale*. Celle-ci est là pour nourrir une vision du monde qui n'existe plus, sauf de manière exsangue lorsqu'on l'extrait des musées de la pensée ; alors que la mondialisation est de plus en plus pressante, cette politique se fait de moins en moins présente, raisonnée, pensée, débattue. Affaire du citoyen, tant elle touche désormais aux questions les plus intimes de la cité, elle doit être ouverte aux controverses, remise au centre des campagnes électorales, surveillée, discutée. Elle doit être actualisée et non plus servir à la reproduction permanente d'options dépassées par la force du changement social.

En regard de la mondialisation, elle doit énoncer, réformer et cibler. *Énoncer* la parité des destins humains, le droit égal de tous de participer à la gouvernance du monde : la loi d'airain de l'oligarchie internationale doit être dépassée comme elle le fut jadis à l'échelle des nations, replaçant l'acteur concerné au centre de la délibération internationale.

Le dire haut et fort, rompre publiquement ce pacte oligarchique serait déjà un progrès considérable vers la paix et la confiance partagée. *Réformer* un ordre social mondial qui souffre de décalages socioéconomiques de plus en plus visibles, insupportables et donc dangereux : la redistribution au niveau mondial est devenue la première et la plus urgente des tâches afférentes à cette nouvelle politique, l'enjeu numéro un de la sécurité collective. Il est inadmissible que l'aide publique au développement ne cesse de baisser en France alors que les moyens militaires mobilisés en direction du Sud ne cessent d'augmenter. *Réformer* aussi ce défaut de politique dont souffrent les pays en crise, qui les ronge et les fait régresser jusqu'à l'état de sociétés guerrières : cette reconstruction du politique au Sud a été jusqu'à présent soigneusement écartée par les dictateurs locaux et les puissances tutélaires qui, solidairement, ont misé sur l'attrait de la posture inverse. *Cibler* des biens communs, économiques, sociaux, environnementaux dont dépend la survie de la planète et qui sont mis en échec par les égoïsmes nationaux repensés sous l'appellation aimable de « défense des intérêts souverains ». À ce jeu, gagne celui qui se lancera avec le plus d'audace dans les assauts souverainistes !

La politique d'altérité dont le monde a besoin n'est ni utopique ni caritative. Elle n'est pas utopique, car elle débouche sur des actes concrets capables d'organiser le changement au sein d'un ordre international passéiste. Elle suppose d'abord de redéfinir et de régénérer la souveraineté qui ne peut plus, au temps de la mondialisation, se conjuguer avec fermeture et repli, mais qui doit s'incarner dans la revendication du droit de chaque État à concourir de façon égale à la conception de la mondialisation. Elle implique l'extinction de toute forme d'intervention unilatérale qui confondrait dangereusement l'acte de régulation et l'acte de puissance. Elle doit réhabiliter l'acteur local et l'acteur de proximité, social et politique, qui doit pouvoir exercer pleinement son droit à participer à la gestion des crises qui le frappent. Elle nécessite d'activer le traitement social des conflits, face à ces nouvelles guerres qui naissent de la décomposition sociale et institutionnelle plus que de la rivalité de puissance, dans lesquelles les instruments militaires classiques ne peuvent rien.

L'altérité n'est pas caritative, car elle repose en dernière instance sur le postulat de l'utilité : elle est d'autant plus audible par l'acteur politique qu'elle lui permet une économie de moyens, de limiter ses coûts, ces centaines de milliards de dollars dépensés depuis la fin de la Guerre froide pour alimenter des interventions de puissance qui n'ont débouché sur rien. Elle lui permet aussi de s'assurer face aux risques qui plombent l'avenir, de contenir plus efficacement les violences de demain, de vivre sur une planète gérable. Seule cette pratique peut assurer un monde de stabilité. La sécurité aujourd'hui est l'exact inverse de ce qu'était la sécurité nationale dans l'œuvre de Hobbes : loin de s'inscrire dans la concurrence, elle s'incarne désormais dans la globalité. La sécurité de chacun dépend désormais de celle de tous les autres : il est devenu illusoire de raisonner en termes de remparts et de bastilles. En travaillant à la sécurité de l'autre, on travaille à sa propre sécurité. Mais la sécurité de l'autre n'est atteignable qu'à travers le respect qu'on lui porte et l'effacement de soi qu'on lui concède. Un monde en paix ne peut l'être que globalement dans la reconnaissance complète de l'autre. Maurice Merleau-Ponty l'avait compris lorsqu'il rappelait : « Notre rapport au vrai passe par les autres. Ou bien nous allons au vrai avec eux, ou bien ce n'est pas au vrai que nous allons. »

Table des matières

CPI
FIRMIN-DIDOT

Composition Facompo Lisieux.
Achevé d'imprimer par CPI Firmin-Didot
à Mesnil-sur-l'Estrée
en février 2016.
Dépôt légal : mars 2016
Numéro d'imprimeur : 133846
Imprimé en France